墨香财经学术文库

非对称情境下的企业基于行为定价策略研究

A Study of Firms' Behaviour-Based Pricing Strategies under Asymmetric Situations

滕文波 著

东北财经大学出版社 Dongbei University of Finance & Economics Press 大连

图书在版编目（CIP）数据

非对称情境下的企业基于行为定价策略研究 / 滕文波著. —大连：东北财经大学出版社，2024.4
（墨香财经学术文库）
ISBN 978-7-5654-5187-4

Ⅰ.非… Ⅱ.滕… Ⅲ.企业定价-研究 Ⅳ.F274

中国国家版本馆CIP数据核字（2024）第057951号

东北财经大学出版社出版发行
大连市黑石礁尖山街217号 邮政编码 116025
网 址：http://www.dufep.cn
读者信箱：dufep@dufe.edu.cn
大连图腾彩色印刷有限公司印刷

幅面尺寸：170mm×240mm 字数：94千字 印张：6.5 插页：1
2024年4月第1版 2024年4月第1次印刷
责任编辑：时 博 徐 群 责任校对：一 心
封面设计：原 皓 版式设计：原 皓
定价：49.00元

教学支持 售后服务 联系电话：（0411）84710309

如有印装质量问题，请联系营销部：（0411）84710711

前言

近年来，信息技术的发展和数据科学的进步使企业更容易跟踪、收集和处理消费者的购买信息，从而使其能够使用基于行为的定价策略（BBP策略）。BBP策略是一种价格歧视，即对老顾客和新顾客收取不同的价格。BBP策略在许多行业都得到了广泛应用。例如，国内外的航空公司根据消费者的历史订购情况，会从事先设定的十几种价格中选择一种价格向消费者收取费用。虽然已经有学者对企业的BBP策略展开了大量且卓有成效的研究，但相关的研究主要聚焦于对称竞争的市场，即竞争性企业间不存在纵向差异。只有少量的研究关注了产品质量和品牌资产等非对称竞争的情境（以下简称非对称情境），但仍然缺少对其他非对称情境的关注。

鉴于此，本书将重点关注三种非对称情境下的企业BBP策略。第一部分，在竞争性企业数字化能力存在差异的情况下，研究了BBP策略会如何影响各企业的均衡价格、收益以及策略选择。第二部分，本书研究探讨了在有质量差异的体验产品市场中，企业BBP策略对消费者转移行为、企业利润、消费者剩余和社会福利的影响。第三部分，本书通过假设企业为消费者提供的购后体验存在差异，对比BBP策略和统一定价策略之间的差异，探讨企业最优定价策略的战略选择问题。通过上述章节的研究讨论，最后我们对主要的研究发现进行了总结。

本书研究的主要创新性工作概括如下：

首先，本书深入研究了在竞争性企业数字化能力存在差异的非对称情境下BBP策略对企业的影响。第一，我们发现第二期的均衡状态受到企业数字化能力差异和第一期市场份额的影响，存在两种均衡状况：双方均能猎取对方消费者，或仅有一方能够猎取对方消费者。在单方猎取的情况下，企业的第二期利润甚至可能高于未实施BBP策略的水平，而市场份额较小的企业更倾向于向老顾客提供优惠。第二，在同时考虑两期的情况下，只有当企业间的数字化能力差异足够大或足够小时，才存在纯策略均衡。当数字化能力差异较小时，双方均能猎取对方的老顾客；而当数字化能力差异较大时，仅数字化能力较强的企业才能猎取对方的老顾客，形成单方猎取的均衡状态。有趣的是，在企业间数字化能力差异较大的情况下，企业的第二期价格有可能高于第一期价格，且仅数字化能力较强的企业通过实施BBP策略才能够获得收益。

其次，本书在体验产品存在质量差异的非对称情境下，研究了BBP策略对消费者转移行为、企业利润以及消费者剩余的影响。第一，在消费者转移行为方面，探讨了第一期市场份额差异对第二期消费者转移行为的影响。我们发现，若一家企业在第一期市场份额中占主导地位，那么在第二期只有竞争对手能够成功吸引新顾客。随后，在同时考虑两期的情况下，我们发现只有当体验产品质量差异相对较小或相对较大时，才存在纯策略均衡。质量差异相对较小时，均衡状态为高质量企业和低质量企业都能通过BBP策略吸引新顾客；而质量差异相对较大时，仅高质量企业能通过BBP策略吸引新顾客，即均衡状态为单方猎取。第二，在企业利润方面，相较于过去有关BBP策略的研究普遍认为BBP策略会加剧竞争、降低企业利润，进而使竞争性企业陷入囚徒困境。本书提出不同观点。我们发现当质量差异相对较大时，BBP策略可以减少竞争，打破囚徒困境。具体而言，BBP策略可以增加高质量企业的利润。这一结论可以解释BBP策略在体验产品市场上普遍存在的原因。

从高质量企业的角度来看，当其拥有相对大的质量优势时，可以在第一期适度放弃一些市场份额。第三，从消费者剩余和社会福利的角度出发，可以发现BBP策略总体上有助于提升消费者剩余，但可能对社会福利造成不利影响。具体而言，当质量差异相对较大或足够大时，BBP策略对社会福利有益；而当质量差异相对较小时，BBP策略对社会福利可能有负面影响。这也说明，政府是否应该禁止企业实施BBP策略与企业的产品质量差异密切相关。

最后，本书在企业提供差异化购后体验的非对称情境下，深入研究了企业何时应该实施BBP策略。在过往的BBP策略相关文献中，一般认为BBP策略加剧了竞争，降低了企业的利润。然而，我们发现当竞争性企业的购后体验存在差异时，BBP策略实际上提高了企业的利润。与传统观点认为企业要么同时优惠老客户，要么同时优惠新客户的观点不同，我们发现了非对称的均衡结果。具体而言，当满意度差异足够大时，提供高水平购后体验的企业优惠新客户，而提供低水平购后体验的企业则优惠老客户。我们还发现，当企业购后体验的成本差异较大或者购后体验对感知价值的影响很小时，高质量企业的利润可能低于低质量企业。过高的购后体验成本和感知价值差异的极小化会抵消高质量企业在购后体验方面的优势。即使购后体验成本为零，高质量企业的利润仍可能低于低质量企业。从消费者的角度来看，BBP策略会提高竞争性企业的整体价格，从而减少消费者剩余；而从社会福利的角度来看，现有文献通常认为BBP策略会降低社会福利。然而，我们发现，当满意度差异或感知价值差异较小时，BBP策略确实会降低社会福利；但是当感知价值差异较大时，BBP策略实际上提高了社会福利。这一发现揭示了BBP策略在不同情境下对企业和社会产生截然不同影响的复杂性。

滕文波

2023年12月

目录

1 导论

1.1 研究背景与意义

基于行为定价（Behavior-Based Pricing）策略（以下简称BBP策略）是一种新兴的企业定价手段，它是在信息技术蓬勃发展、互联网快速普及的背景下应运而生的。BBP策略是指企业利用消费者在购物前、购物时以及购物后所留下的各种信息，将消费者划分为不同性质的群体，从而在消费者下次购物时对不同群体制定不同价格的定价策略。具体来说，它是以消费者是否购买过本企业的产品为标准，将顾客区分为“新顾客”和“老顾客”两个类别，进而对二者制定不同价格的企业定价策略（Fudenberg和Tirole，2000）。随着计算机技术水平的提升，数据挖掘和信息处理技术的发展，记录、收集并处理消费者的交易记录变得越来越可行，BBP策略已经逐渐成为越来越多的企业使用的一种营销工具（Chen和Iyer，2002）。比如，2018年发生的“滴滴大数据”事件（同一路程和车型，新用户的价格更低）、航空公司为累计飞行里程较多的顾客发放折扣机票或免费升舱，以及某些服装品牌会在一些特别的日子给自己的会员发送祝福短信并提供优惠券等行为都是企业BBP策略的体现。在早期，学者们致力于探讨在不同的市场环境、不同的企业行为和不同的消费者特质下，BBP策略的实施有何影响。大多数研究都聚焦于对称竞争的情境，但在实践中存在很多非对称情境。

首先，随着大数据技术愈发成熟，越来越多的企业开始进行数字化转型（汪旭晖，2020；杨扬等，2020；魏江等，2021），在数字化转型中，对消费者的数据化能力则会对企业的营销行为产生非常重要的影响（Acquisti和Varian，2005；马东升等，2020；贾建民等，2021），企业自身的数字化能力也成为企业营销行为的关键因素。然而，数字化建设投入等方面的差距导致了现实中不同企业数字化营销能力往往是存在差异的。例如，在零售行业中，以互联网销售为主的新兴零售企业往往具有较为完善的顾客跟踪系统，能够快速对新老顾客进行甄别，如京东、淘宝等。然而，以实体销售为主的传统零售企业则往往缺少跟踪消费者行为的能力，要么需要投入大量的人力、物力建立相关软硬件系统来跟踪消费者的消费行为，要么依托第三方数据平台进行消费者区分。这也导致了数字化能力不同的企业在实施BBP策略时存在明显的成本差异（马东升等，2021）。因此，当企业的数字化能力存在差异时，这种差异会如何影响BBP策略下不同企业的定价行为。

其次，本书还关注了体验产品市场。食品市场和服务市场上的大多数商品都可以归类为体验产品，这类市场上的消费者在实际消费之前无法辨别此类商品的精确价值（Jing，2016；Yu等，2016）。但是，目前关于体验产品的文献主要假定竞争公司之间的产品或服务不存在质量差异（Jing，2011；Jing，2016）。然而，具有质量差异的体验产品在各行各业中都是普遍存在的（Orose，2011）。例如，在食品行业中，星巴克的咖啡豆质量通常比瑞幸的咖啡豆质量要高；在航空业，东京羽田国际机场的服务质量比东京成田国际机场的服务质量更好。同时，在许多体验产品市场中，可以观察到产品的质量差异可能改变消费者的购买行为（Jing，2017）。Salesforce Research对全球15 600名消费者进行了调查，数据显示，71%的受访者经常根据体验产品的质量做出购买决定，而且在获得良好的体验后很有可能再次购买。近年来，也有部分学者研究了体验类产品的企业如何实施BBP策略的问题，但大多数文献研究的是水平差异化下体验产品市场中的BBP策略问题，其中距离差异反映了横向差异化（Jing，2016）。我们可以观察到，在体验产品市场中，企业可能同时存在因距离而产生的横向差异化和因产品质量而产生的纵向差异化，对于这样的企业，消费者价值由距离和产品质量共同决定。因此，对于存在质量差异的体验产品，企业又应该如何实施BBP策略，是一个值得关注的问题。

最后，实践中不仅BBP策略会影响消费者的购买行为，消费者的购后体验也会影响他们的再购买行为（Park等，2012）。在购买产品后，消费者会对其购后体验进行评估，负面的购后体验会导致消费者产生购后后悔，进而抑制其再购买意愿（Spiteri-Cornish，2020）。例如，普华永道“2021年全球消费者洞察调研”的一项调查显示，当被问及影响再次购买决策的因素时，高达31%的消费者表示，他们非常重视愉快的购后体验，而28%的受访者指出，优质的售后服务非常重要。Achieve Global的“客户忠诚度调查”也表明，消费者的购后体验是影响他们是否再次购买过去公司产品或者购买其他公司产品的关键因素。行业报告显示，66%的客户更换品牌是因为服务不佳。在美国，因服务不佳而导致更换品牌产生的成本估计约有1.6万亿美元。因此，除了BBP策略外，购后体验对于消费者是否转换品牌也是至关重要的。当不同企业的购后体验存在差异时，企业BBP策略的实施效果又会产生何种变化，对各方又会产生何种影响。

1.2 研究问题与主要研究内容

1.2.1 研究问题

虽然学者们已经对企业的BBP策略展开了大量且卓有成效的研究（Villas-Boas，1999；Fudenberg和Tirole，2000；Fudenberg和Villas-Boas，2006；Zhang，2011；Li和Jain，2016；Esteves等，2022；Zhang

等，2021），但相关的研究主要聚焦于对称竞争的市场，即竞争性企业间不存在纵向差异。为数不多的研究（Jing，2017；Rhee和Thomadsen，2017；马东升等，2020；Li，2021b；马东升等，2021）关注了产品质量和品牌资产等非对称情境，但仍然缺少对其他非对称情境的关注。鉴于此，本书将重点关注以下三种非对称情境下的企业BBP策略。

（1）企业数字化能力存在差异的情况。当企业的数字化能力存在差异时，这种差异会如何影响BBP策略下不同企业的定价行为，以及何种情况下BBP策略的实施对企业是有利的。对数字化能力不同的企业而言，BBP策略的影响是否会有所不同。

（2）体验产品质量存在差异的情况。在存在质量差异的体验产品市场中，BBP策略是否会因为质量差异而改变消费者的转移行为。也就是说，企业的猎取均衡状态如何随着BBP策略的变化而变化。同时，BBP策略对企业利润有何影响。对消费者剩余和社会福利而言，BBP策略又有何影响。

（3）购后体验存在差异的情况。企业是否应该实施BBP策略。企业又应该如何实施BBP策略。购后体验更好的企业一定会获得更多利润吗？当企业提供差异化的购后体验时，BBP策略如何影响消费者剩余和社会福利。

1.2.2 研究内容

当不同企业的数字化能力存在差异、体验产品质量存在差异、购后体验存在差异时，会如何影响企业的BBP策略，以及各方的利益。本书将分三部分分别来回答上述问题。

第一部分，在竞争性企业数字化能力存在差异的情况下，本书研究了企业BBP策略会如何影响各方的均衡价格、收益以及策略选择。通过构建一个竞争性的两期博弈模型，考虑在数字化能力存在差异的竞争性企业实施BBP策略可能带来的影响。首先，两家竞争性企业均不采用BBP策略，从而得到该情境下的各方均衡价格及收益；其次，在两家企业均采取BBP策略的情况下，分析数字化能力对企业定价及均衡收益的影响；最后，通过对比基础模型，分析何种情况下BBP策略对企业是有利的。

第二部分，本书研究探讨了在有质量差异的体验产品市场中，企业BBP策略对消费者转移行为、企业利润、消费者剩余和社会福利的影响。我们建立了一个两期博弈模型，在该模型中，企业在两个时期分别销售重复的体验产品，并在市场上相互竞争。首先，研究两家竞争性企业均不实施BBP策略的基准模型。在这种情境下，每家企业在两个时期都向消费者提供统一的定价策略。其次，进一步探讨了两家企业均实施BBP策略的情况。具体来说，在第一期，由于缺乏消费者的购买历史，两家企业会向消费者提供统一的价格；在第二期，企业会根据第一期的信息识别新顾客和老顾客，并向他们提供差异化的定价。最后，通过与不实施BBP策略的情况比较后，给出存在质量差异的体验产品市场中BBP策略对消费者转移行为、企业利润、消费者剩余以及社会福利的影响。此外，我们还拓展了主模型，假设消费者短视以表明结果的稳健性。

第三部分，本书在企业为消费者提供的购后体验存在差异的情境下，对比了BBP策略和统一定价策略之间的差异，探讨了企业最优定价策略的选择问题。我们构建了一个两期动态模型，在这个模型中，两家具有差异化购后体验的企业向消费者销售同类产品。在第一期，两家企业向每位消费者出售产品，然后由消费者选择购买哪种产品。消费者在初次购买前不受购后体验的影响，其主要根据观察到的价格进行初次购买。第一期结束后，每个消费者都会对产品的购后体验做出满意或不满意的评价。因此，消费者的第二期购买行为会同时受到BBP策略和购后体验的影响。通过分析比较实施BBP策略前后企业的定价和利润、消费者剩余和社会福利的变化，为企业和政府部门提供BBP策略的决策和监管帮助。

1.3 研究意义

1.3.1 理论意义

第一，在现有BBP策略的相关研究中，学者们主要关注对称情境下企业BBP策略的影响。而本书重点关注了竞争性企业在数字化能力存在差异、体验产品存在质量差异、提供差异化的购后体验三种非对称情境下如何选择BBP策略，以及BBP策略对各方的影响。研究发现，不同于对称情境下的定价策略及消费者转移：（1）当竞争性企业数字化能力存在差异时，第二期的均衡受企业数字化能力的差异程度以及第一期市场份额的影响，存在双方均能猎取对方顾客和仅单方能够猎取对方顾客两种均衡。在单方猎取时，企业的第二期利润甚至会高于不实施BBP策略时的利润，并且市场份额较小的企业更倾向于向老顾客提供优惠。（2）当体验产品存在质量差异时，在同时考虑两期的情况下，仅在体验产品质量差异相对较小或相对较大时存在纯策略均衡。当体验产品质量差异相对较小时，均衡状态为高质量企业和低质量企业都能通过BBP策略猎取新顾客；而当体验产品质量差异相对较大时，只有高质量企业可以通过BBP策略猎取新顾客，即均衡状态为单方猎取。（3）当企业提供差异化的购后体验时，已有的BBP策略研究在探讨消费体验对顾客复购决策的影响时通常考虑的是“购前体验”。不同于以往文献，本书重点研究“购后体验”与BBP策略的交互效应。这导致本书所展现的企业BBP策略的实施方式与传统结论有很大区别。也就是说，企业会向哪一类顾客提供优惠。在均衡状态，企业既可能“杀生”，也可能“杀熟”。这与过往文献（不考虑消费体验而只考虑对称性消费体验的BBP策略）得出的BBP策略通常被用来猎取竞争对手的顾客，即奖励新顾客的结论有所不同。

第二，BBP策略的实施对于企业利润的影响是过往文献所关注的主要问题之一，本书在三种非对称情境下，分析了双寡头竞争性企业同时实施BBP策略时各自的两期利润的变化。以往有关BBP策略的研究普遍认为BBP策略会加剧竞争，降低企业利润，从而使竞争性企业陷入囚徒困境。相反，本书的研究结论表明：（1）数字化能力较强的企业能够通过实施BBP策略获益；（2）当体验产品质量差异相对较大时，BBP策略会增加高质量企业的利润；（3）当竞争性企业的购后体验存在差异时，企业甚至会因BBP策略的实施使得总利润提高。

1.3.2 实践意义

对企业而言，面对非对称情境是非常普遍的现象，这一情境下如何更好地实施BBP策略，是一个亟需回答的重要问题。本书基于博弈理论将这种现实情境模型化，通过对均衡解进行分析比较，得到了企业定价、市场份额、利润、消费者剩余和社会福利的变化规律。为实践中的企业提供BBP策略指导，解决企业所面临的以下问题：BBP策略能否提高企业的利润；企业是否应该盲目跟从竞争对手实施BBP策略；当企业决定实施BBP策略时，应该向哪类顾客提供优惠价格。同时，本书通过调整市场上企业间的差异程度、体验产品的质量差异程度以及消费者对于体验的敏感度等，为竞争性企业在不同情境中应当如何调整自己的价格以实现利润最大化提供指导。

BBP策略属于歧视性定价的一种，因此消费者和政策制定者往往认为它会对整体社会福利造成损害。而本书则通过对比BBP策略实施前后的消费者剩余和社会福利变化，来回答在非对称情境下，企业BBP策略对消费者剩余和社会福利的影响，使消费者能够对BBP策略形成更加客观清晰的认知，同时在规制企业行为方面向政策制定者给出建议。

2 文献综述

“基于行为的定价”这一概念，最早出现于20世纪末。在当时随着互联网以及信息技术的发展和普及，企业利用消费者的历史购买信息来进行歧视性定价。最早给出BBP策略的明确定义并采用博弈论建模的方法进行系统研究的学者是Fudenberg和Tirole。他们建立了一个两期的博弈模型。两家竞争性企业销售水平差异化产品，通过第一期收集到的消费者购买历史数据对过去的消费者和第二期竞争对手的消费者进行价格歧视。研究结果表明，在第一期，由于前瞻型消费者对价格的敏感度较低，企业可以提高价格来实现第一期利润增长；在第二期，BBP策略加剧了企业间的价格竞争，降低了企业的第二期利润和总利润。此后，有众多学者陆续对BBP策略展开研究。目前，以BBP策略为主题的研究文献分为四大类，前三大类分别为：完全垄断市场（非耐用品）、双寡头竞争市场（非耐用品、产品同质）和竞争市场（非耐用品、产品同种但性质不同），最后一类研究则涉及其他的一些市场、企业或消费者层面的问题，如“隐私”“定制化价格”等。这些研究文献表明，企业的BBP策略存在三种类型的效应：（1）企业普遍地会对其新顾客收取比老顾客更低的价格，即BBP策略的常见形式为优惠新顾客；（2）BBP策略会加强第二期企业间的竞争，从而导致第二期价格的降低；（3）由于消费者的前瞻性，他们对第一期价格的敏感度会降低。

与本书相关的BBP策略研究文献包括：（1）与BBP策略相关的研究；（2）与体验产品相关的定价研究；（3）与消费体验相关的研究。接下来，本书将分别对上述文献进行回顾与总结。

2.1 BBP策略相关的研究

在BBP策略的相关研究中，最初人们主要关注于对称情境下的BBP策略，最为常见的市场假设是以Fudenberg和Tirole（2000）为代表的水平差异化市场。其后，如Li和Jain（2016）、Li（2021a）、Colombo（2018）和Chung（2020）等研究也是在对称情境下，探讨了BBP策略如何影响企业利润、消费者剩余和社会福利。

部分学者进一步考虑了其他市场环境因素，如消费者分布、渠道情境、企业进入市场的顺序、广告投入、水平差异化对称市场/垂直差异化不对称市场等与BBP策略的共同影响。例如，Esteves等（2022）在沿用了Hotelling模型（Fudenberg和Tirole，2000）的基础上，假设消费者是服从非均匀分布的，研究表明当消费者的偏好分布足够集中在Hotelling线中心，即类似于一种三角分布时，BBP策略会减少消费者剩余而提高竞争性企业的利润，这打破了传统假设消费者均匀分布时所产生的企业间的囚徒困境。然而，当消费者偏好分布不再集中，且呈现向两边分散时，囚徒困境又会出现。也有学者考虑了不同的渠道背景，如Li（2018）在由两个竞争性厂商和两个竞争性零售商组成的渠道情景下，主要考虑了专营渠道模式，并利用Hotelling模型来研究BBP策略对制造商和零售商利润的影响。研究发现，与制造商和零售商都不实施BBP策略相比，当仅有零售商实施BBP策略时，渠道中所有成员的利润都会受损。但是，当制造商和零售商同时实施BBP策略时，渠道中所有成员的利润都会增加，但此时消费者剩余会受损，最终导致社会福利的减少。沿用Li（2018）的渠道设置，Wang等（2021）分析了在不对称竞争市场下制造商作为渠道中斯塔克伯格模型的领导者所面临的渠道合同的选择问题，以及零售商BBP策略的实施问题。他们研究发现，无论零售商是否实施BBP策略，制造商都会更偏爱长期合同，而当制造商和零售商同时实施BBP策略时，相对于二者都不实施BBP策略，低质量产品的渠道中所有成员的利润都会降低，而高质量产品渠道中所有成员的利润在某种情况下都会得到提高。Ziari和Sajadieh（2021）通过批发商的服务水平研究了渠道情境下的BBP策略，但是只假设零售商可以实施BBP策略。Colombo（2016）则针对企业实施BBP策略的能力开展了研究，传统文献假设企业有信息技术手段，就能获取并利用全部的老顾客信息，但是这可能与现实不符。Colombo（2016）假设企业实施BBP策略的能力是不完美的，即只能利用一部分的消费者信息，而对于剩下的老顾客和新顾客是无法加以区别的。研究结果表明，企业通过实施BBP策略获得的利润是其BBP能力系数（即能够利用信息的顾客份额）的函数，且呈倒U形。Amaldoss和He（2019）使用Spokes模型研究了多个销售水平差异化产品的对称竞争市场下企业间的BBP策略，该模型不将企业数量限制在两个以内，并考虑到消费者有自己的偏好集。他们指出，如果消费者对产品的估值较低，企业则会选择为消费者提供第二偏好的产品。同时，企业BBP策略通过降低消费者对价格的敏感度所产生的收入增加来抵消由于价格竞争加剧而造成的收入损失，从而提高利润。企业进入市场的先后次序也属于市场环境的一个维度，传统的BBP策略文献在多期博弈模型中大多考虑的是竞争性企业在每一期都同时存在于市场，因此有学者考虑了竞争性企业进入市场的先后次序和不同环境。Zhang等（2021）在竞争性企业进入市场顺序不同的情境下，考虑了消费者对新进入市场企业（没购买过其产品）的产品质量存在不确定心理。他们发现，在高端入侵的情况下，如果两家企业实际的产品质量差距并不大，那么随着消费者对产品质量不确定性的增加，来自驻留者和新进入者的利润都会受损，但是在低端入侵的情况下，对消费者质量不确定性的增加会使得两家企业同时实现利润增长。

还有些市场有着独有的性质，如网络效应。蒋传海（2010）在存在网络效应的市场中，研究企业BBP策略的使用变化，同时考虑了消费者的转移成本。研究发现，转移成本是企业价格歧视的根本原因，而网络效应的特质会让产品的价值随着用户数量的增加而提高，最终导致实施BBP策略的企业利润减少。Liu等（2021）考虑了绿色环保产品的销售市场，其假设市场上存在两条供应链。绿色产品能为消费者带来增值效用，但也存在比普通产品更高的成本。Liu等（2021）表明，当绿色产品占有的市场份额较大，消费者却对绿色环保不十分敏感时，绿色产品零售商在第二期会提高对老顾客的价格；当绿色产品的市场份额较低，消费者也极为重视绿色环保时，绿色产品零售商会加大在环保方面的努力。因此，消费者对绿色产品的重视度会提高绿色产品渠道中所有成员的利润。

有部分学者则注意到企业的广告投入行为与BBP策略的相互影响。Esteves和Cerqueira（2017）假设市场上存在总量固定的潜在消费者，而在对称竞争市场下企业需要向消费者投放广告，消费者才有可能考虑购买其产品，这被称为广告的告知作用。企业在第一期会决策自己的广告投入水平，在第二期则不再投入。此时，第二期顾客就被分为三种群体：两家企业各自的垄断群体、竞争群体以及没有被任何企业投放广告的不购买群体。研究发现，相比于两家企业都不实施BBP策略，BBP策略会降低企业对广告的投入，并在第一期制定更高的价格，而在第二期降低价格；相比于不考虑广告的告知作用，广告所引起的部分市场覆盖会使BBP策略能够提升企业利润。Shen和Villas-Boas（2018）在广告的告知作用的基础上，考虑了广告会让消费者厌烦，从而产生负效用的可能性。此项研究还关注了企业根据顾客历史购买信息对新老顾客制定不同程度的广告投放水平的行为。研究发现，与不使用基于行为的广告歧视相比，垄断者使用歧视手段后会特意提高第一期价格来减少第一期产品的销售，从而在第二期能够更加准确地识别对自己产品偏好更大的顾客。本书也考虑了企业同时使用基于行为的广告歧视和基于行为的价格歧视，发现与仅仅使用广告歧视相比，垄断者在第二期会加大对新顾客（即在第一期没有进行购买的顾客）的广告投放强度。与Esteves和Cerqueira（2017）文章构建的模型相似，Nijs（2013）在早期就构建过一个同时考虑广告的告知作用与企业BBP策略的模型，研究的关注点是对社会福利的影响。研究发现，企业BBP策略可以增加社会福利，主要是通过提高企业利润的方式来实现的，但对消费者剩余则有削减的作用。

还有少部分学者关注了非对称情境，如Chen（2008）研究了两家垂直差异化企业间的BBP策略竞争，并假设存在两类消费者：只关心产品质量的消费者和只关心价格的消费者。研究发现，由于对质量敏感的消费者在任何价格下都不会发生转移，因此高质量企业没有动机向老顾客提供折扣。Jing（2017），Rhee和Thomadsen（2017）扩展了Chen（2008）的模型，考虑了垂直差异化双头垄断企业的生产效率。Jing（2017）的研究表明，在产品质量外生的情况下，BBP策略总是会减少效率较高企业的利润，但会增加效率较低企业的利润。Rhee和Thomadsen（2017）考虑了两家企业具有不对称的生产成本，用成本差值与质量差值的比例代表企业间的相对生产效率。他们发现，在第一期占有市场份额低且效率更低的劣势企业会优惠老顾客，对新顾客制定高价，但不会出现两家企业同时优惠老顾客的情况。如果消费者预期未来的贴现率不高，那么处于竞争劣势的企业实施BBP策略能获得更大的利润；如果消费者非常重视未来，高质量企业或低质量企业有可能单独通过BBP策略实现利润增长。马东升等（2021）延续了Rhee和Thomadsen（2017）文章中的模型设置，依然考察一种垂直差异化的竞争市场，探究企业到底应该如何选择BBP策略。他们考虑了两种BBP策略选择博弈的形式：完全信息静态博弈和完全且完美信息动态博弈。研究结果表明，在静态博弈下，两家企业的稳定策略均衡取决于相对效率，当两家企业处于对等的竞争地位时，均衡为皆不实施BBP策略，一旦地位不对等，这场博弈就存在一个混合策略纳什均衡，两家企业将概率性地进行策略选择。如果考虑动态博弈，当低质量企业先进行决策，即低质量企业处于弱势地位时，则会实施BBP策略来强化自己获取市场份额的能力，而高质量企业面对此情况也会被迫实施BBP策略；当低质量企业面临对等或优势地位时，最后的均衡为双方都不实施BBP策略。本书同样重点考虑了非对称情境，即在数字化能力、体验产品质量和购后体验上存在差异时，企业应该如何进行BBP决策以及BBP策略是如何影响消费者剩余和社会福利的。上述因素与企业的BBP策略存在交互作用，且缺少针对性的研究，本书将弥补这一研究缺口。

2.2 体验产品相关的定价研究

对于与体验产品相关的研究，Nelson（1970）最先提出体验产品的概念，消费者在实际消费前并不能辨别产品的准确价值。Shapiro（1983）首次研究了垄断企业在无限期内的体验产品价格轨迹，并指出当企业的声誉低于其产品真实质量时，企业会采用渗透定价来传播有利的产品信息。Jing（2011）在单一企业垄断市场首次考虑了消费者估值的不确定性，分析了当企业实施BBP策略时，与价格承诺相比企业的盈利能力和社会福利的变化，并构建了一个两期的双寡头市场，来研究消费者估值的不确定性这一因素对企业盈利能力的影响。研究发现，第一期的实现价值决定了消费者第二期的产品偏好，当静态且完全信息下的垄断价格高于（低于）消费者平均估值时，与实施BBP策略相比，使用价格承诺策略所带来的收益和社会福利水平会变高（变低）。随后，在对消费者估值研究的基础上，有学者关注了企业的一种独特行为——信息披露。除此之外，也有部分文献在双寡头垄断市场讨论了体验产品。例如，Jing（2016）在两个对称竞争寡头的模型背景下，探讨了通过预先性的告知或者试用，使得消费者在购买前就能对体验产品形成明确认知，此时产品市场将变为普通的产品市场。他将这两种产品进行了对比，发现与进行信息披露后的产品市场不同，在体验产品市场上，与两家企业都不实施BBP策略相比，实施BBP策略会同时增加两家企业的利润，这与传统文献的结论截然不同。Zhou等（2019）将对信息披露这一因素的研究扩展到渠道模型中，以双渠道供应链为研究对象，探讨了零售商的信息披露行为对制造商基于行为定价策略的影响，并假设制造商通过自己的在线商店和零售商的实体店销售两期体验产品。研究发现，如果零售商能够在线下披露信息，特别是提供体验式服务，那么制造商在实施BBP策略时会鼓励消费者在线上商店进行新的购买。此外，制造商应该通过降低批发价格来诱导零售商披露产品信息。Chen和Jiang（2017）研究了体验产品的动态定价问题，但他们关注的是高价值消费者比例不确定的市场。Chen和Jiang（2021）进一步分析了动态定价和价格承诺，研究高质量企业如何利用不同的价格承诺模式更有效地传递质量信号，并指出优质企业在需求不确定的情况下可以获得更高的利润。

以往大多关于体验产品的建模类研究都是通过构建两期博弈模型来展开的，而张凯（2020）建立了一个三期博弈模型，探究了在体验产品市场中竞争性企业的BBP策略对利润和价格的影响，还探讨了消费者在三期模型中的留存和转移行为。研究表明，在此种市场背景下企业在实施BBP策略时总是对老顾客制定高价，对新顾客制定低价；而与两家企业皆不实施BBP策略相比，BBP策略导致更多的消费者在第二期和第三期转移，增加企业的第一期期望利润，并降低社会福利。另外，研究还分析了竞争性企业间的BBP策略博弈，发现最后的均衡结果是双方同时实施BBP策略，但此时企业的总利润会降低，即出现囚徒困境。

关于BBP策略，研究表明企业是否实施BBP策略取决于消费者对产品价值的估值分布。例如，Villas-Boas（2004a）假设在一个生产体验产品的双寡头垄断模型中，消费者先在第一阶段了解他们购买的产品，然后在第二阶段的竞争产品之间进行选择。研究表明，价格竞争的性质取决于消费者价值分布的形态。若分布是消极的（积极的），一家企业则会因未来能够获得更大的市场份额而获益（受损）。在一个无限连续的时间模型中，Bergemann和Valimaki（2006）分析了垄断者对体验产品的时间一致价格路径，发现体验产品的垄断价格会随着时间的推移而下降。Villas-Boas（2006）拓展了体验产品的双寡头模型，假设每个消费者对两个品牌体验属性都有其独特评价。研究发现，消费者事前估值的偏差决定了竞争的性质。如果一个分布高于（低于）平均值的质量大于二分之一，那么该分布被称为负（正）偏态。特别是在负倾斜的价值分布下，企业将在第一阶段收取较低的价格，以获得市场份额或品牌忠诚度优势，因为在第一阶段经历相当好的匹配的消费者将在之后重复购买。同时，Villas-Boas（2006）也发现，在体验产品市场中，具有无限水平模型的双寡头竞争，产品完美匹配的概率越大，产品的价格和收益越稳定。然而，在该研究没有考虑价格歧视的问题。

在与体验产品定价相关的研究中，大部分研究仅考虑了不完全信息这一因素对企业定价策略的影响，即使有少数学者在此基础上考虑了非对称情境，也是在假设消费者为战略型消费者的基础上展开的。本书在以往研究的基础上，引入非战略型消费者这一视角，并将质量差异等因素纳入模型，探讨在非对称情境（即企业的体验产品质量存在差异）下，BBP 策略对企业利润的影响。

2.3 消费体验相关的研究

对于消费体验的相关研究文献，早期有外国学者将消费体验对消费者复购决策的影响归入产品特质中，即消费者对即将购买的产品本身的价值判断不明确，需要进行购买并使用后才能做出精确判断（Villas-Boas，2004a），具有这类特性的产品被称为“体验产品”。随着研究的不断深入，国内学者从另一个角度对此类产品进行了定义，将消费体验带来的感知价值的变化与产品本身割裂开来（张凯，2017），提出除了产品本身的属性外，诸如购物环境与服务等外部因素也会影响消费者的复购决策。虽然这两种定义方式在模型中的表现形式相似，但是内核不同。前者将消费者体验的对象与导致体验发生的原因完全归结到产品本身上；后者则将体验看作是一种消费者的特质，关注一系列除产品以外的，但在消费过程中存在并能够影响消费者复购决策的要素。本书是沿用国内学者对消费体验的定义，即强调“除产品本身外的一系列体验”，而非“体验产品”，进而研究消费者在做出购买决策后的一系列体验对其下次购买决策的影响。

Jing（2011）考虑了在完全垄断市场上消费者估值的不确定性，即消费体验的问题，比较了基于行为的定价和价格承诺（一种长期合约）之间的相对盈利能力和福利效应，在其模型中消费者购后的真实效用服从一定区间上的连续分布。研究发现，当静态且完备信息的垄断价格高于（低于）消费者平均估值时，价格承诺策略所带来的利润和社会福利水平会高于（低于）BBP 策略带来的利润和社会福利水平。Nijs 和

Rhodes（2013）则是研究了企业BBP策略与消费者对消费体验做出评价的特质之间的交互关系。研究发现，当考虑到消费体验对顾客复购决策的影响时，BBP策略会加剧企业间第一期的价格竞争，降低第二期的竞争强度，但最终会导致企业利润减少。Jing（2016）在两个对称竞争寡头的模型下，考察了在强调消费者体验的产品市场与不强调消费者体验的产品市场之间，BBP策略对企业利润的影响会有何区别。Jing（2016）假设消费者对产品有两种可能的感知：满意或不满意。研究发现，当满意消费者的比例较大且满意与不满意消费者的效用之差较大时，企业对老顾客制定低价，对新顾客制定高价，这时BBP策略会增加企业的第一期期望利润。同时，他还探讨了企业的一种独特行为——信息披露，在与进行信息披露后的产品市场对比后，发现BBP策略会同时增加两家企业的利润，这与不考虑消费体验时得出的结论不同。

除此之外，徐建和段永瑞（2021）考虑了消费者退货遗忘与缺货后悔两种有限理性行为，研究分析了顾客消费体验与企业销售行为的交互影响。研究发现，厂商的销售收益与消费者经历购买后感到满意的概率、退货遗忘和缺货后悔的程度有明显的正相关关系。金亮等（2022）以供应商和拥有体验渠道的线上零售商所组成的供应链系统为背景，研究了消费者对产品体验不确定下的退货问题，以解决供应商的最优合同拟定问题和零售商的价格策略。研究表明，在消费者对产品体验不确定的情况下，零售商通过引入体验性渠道能够使其销量获得增长，降低退货率，该渠道的引入也能够使供应商的利润得到增长，从而实现渠道效率的提升。因为体验渠道可以使不确定产品是否满意的顾客先进行产品体验，所以它有助于提升消费者剩余。

还有学者则将消费体验与双边市场相结合进行研究。与传统单边市场不同的是，双边市场存在交叉网络效应。在此背景下，张凯等（2017）考虑了消费者具有学习性，消费者对竞争产品都具有明确的认知，但是对购物体验是不明确的，在经历购买后会形成满意和不满意两种体验结果。该研究在这样的模型背景下重点探究了BBP策略与统一定价策略的区别，以及企业在长期战略和短期战略中的选择。研究表明，虽然企业在第一期获得了较大的市场份额，但并不能保证企业在第二期竞争中占据优势地位，也不能保证获得较高的重复购买率。企业的利润取决于其交叉网络系数和平均用户满意度（即忠诚顾客份额），两家竞争性企业同时实施BBP策略会比同时使用统一定价策略获得更高的利润，这也是双边市场中BBP策略区别于单边市场的一大特点。另外，研究还表明市场两期的社会福利水平不受企业战略的影响。张凯（2020）建立了一个三期博弈模型，研究了消费者的留下和转移行为。研究表明，企业在实施BBP策略时总是对老顾客制定高价，对新顾客制定低价。与两家企业都不实施BBP策略相比，BBP策略导致更多的消费者在第二期和第三期转移，增加了企业的第一期期望利润，并降低了社会福利。该研究还分析了竞争性企业间的BBP策略博弈，发现最后的均衡结果是双方同时实施BBP策略，但此时两家企业的总利润都会降低，即出现囚徒困境。因此，在考虑消费体验对顾客复购决策的影响时，我们会发现消费者在多期购买活动中的转移行为与传统不考虑消费体验的BBP策略文献结论有显著区别。本书对于消费体验的相关假设主要来源于张凯的这两篇文献。但不同的是，本书考虑了非对称市场环境，而这两篇文章都是在对称性的假设中考虑BBP策略与消费体验的交互效应。

杨万中和蒋传海（2016）考虑了双寡头竞争市场下的BBP策略模型，并加入了消费者对体验感估值的不确定性这一因素，认为消费者在第二期若转移购买，则会产生转移成本。研究表明，相对于实施BBP策略，企业在使用统一定价策略时能够获得更高的利润，但此时消费者剩余会更少。当企业进行BBP策略博弈时，其均衡策略组合为两家企业都使用统一定价策略。刘维奇和张晋菁（2018）考虑了在BBP策略的模型中融入消费者会担忧自己产生后悔感这一特质。当大部分的消费者在购买后都会感到不满意，且满意和不满意的效用差值很大时，如果转移型后悔的厌恶较小或者重复购买型后悔的厌恶较大，那么企业会采用给老顾客制定低价格的BBP策略，否则会给新顾客制定低价。而消费者预期后悔这一特质对企业利润既可能有正面影响，也可能有负面影响。Zhou等（2020）考虑了市场上有一个制造商和一个零售商，以制造商为主体，可以通过两种渠道向消费者进行销售：自身的线上直营渠道和零售商的间接渠道。该研究假设仅有线上直营渠道能够对顾客实施BBP策略，而零售商没有这种价格歧视能力。研究发现，制造商在实施BBP策略时会损害零售商的利润，而零售商可以通过向消费者进行信息披露，即在购买前就让消费者对自己的消费体验形成客观清晰的认知，以降低自己的损失。总体来说，BBP策略的实施最终会提高整条供应链的第二期利润。

与上述研究不同，本书的研究关注于消费者对企业提供的差异化购后体验产生满意和不满意两种感知及其对企业BBP策略的影响，即企业应该对哪个细分市场的消费者进行价格优惠，以及BBP策略对竞争性企业是否有利。

3 数字化能力差异下的企业基于行为定价研究

在这一部分，本书考虑在竞争性企业数字化能力存在差异的情况下，企业BBP策略会如何影响各方的均衡价格、收益以及策略选择。基于Hotelling模型构建了竞争市场下的两期定价博弈，通过对比各方的定价和收益变化得到结论。

3.1 模型与假设

首先，我们假设市场上存在A企业和B企业，每家企业只销售一种产品，并且产品间仅存在横向差异，即两个产品位于长度为1的Hotelling线的两端，A企业位于左端0点处，B企业位于右端1点处。

其次，总量为1的消费者均匀地分布在Hotelling线上，每个消费者在每期内的需求为1。假设对消费者而言，产品的基础价值为V，且V足够大，即每期的市场都被完全覆盖。假设消费者的不匹配成本系数为t，$t > 0$，则对位于x点位置的消费者，购买A企业产品的效用为

$V-tx-P_a$，购买B企业产品的效用为$V-t(1-x)-P_b$，其中P_a和P_b分别表示产品A和产品B的价格。

再次，企业需要基于自身的数字化能力进行消费者数据的收集和分析，从而实施BBP策略，因此数字化能力不同的企业在实施BBP策略时所产生的成本是不同的。一方面，企业数字化能力主要体现在数字化能力的应用阶段（McAfee等，2012；Gobble，2018；Andriushchenko等，2020；Fletcher和Griffiths，2020），即实施BBP策略的第二期；另一方面，不同数字化能力的企业的数字化营销效率是不同的（Vial，2019），企业这种数字化营销效率的差异可以通过人均成本来反映（Nasiri等，2020；Ritter和Pedersen，2020）。因此，我们通过企业在第二期BBP策略实施阶段的人均成本来反映企业数字化能力的差异，假设两家企业的第二期人均成本分别为C_1和C_2。成本越大，则表明企业的数字化能力越弱，反之，则表明企业具有较强的数字化能力。为反映企业数字化能力的不同，我们假设$0<C_1<C_2$，由此$\Delta C=C_2-C_1$，ΔC反映了两家企业实施BBP策略的人均成本之差。为了保证均衡存在，需要满足$\Delta C<t$，即A、B两家企业的单位BBP策略成本差距不能太大。为了分析方便，记参数$\mu=\Delta C/t$，则有$0<\mu<1$，μ反映了两家企业的数字化能力的差异程度，μ越大，则表明两家企业数字化能力的差异程度越大，反之亦反。与之前的研究不同（Li等，2020），在成本的假设上，我们主要通过人均成本来反映企业实施BBP策略的能力差异，成本是可变成本，而非BBP策略实施前的固定投资成本。

最后，为了简化计算，我们参考了Rhee和Thomadsen（2017）的研究，将企业的其他成本简化为0。同时，我们还假设企业和消费者的折现系数均为1。

博弈顺序如下：在第一期，两家企业制定统一的零售价格P_{i1}，进而消费者进行购买决策；在第二期，首先在不实施BBP策略的情况下，两家企业对消费者制定统一的价格P_{i2}，然后在实施BBP策略的情况下，企业通过观察消费者在第一期购买的情况来制定不同的价格，老顾客的价格为P_{io2}，新顾客的价格为P_{in2}，其中$i\in\{A,B\}$，进而消费者进行购买决策。相关变量的描述见表3-1。

表3-1 **相关变量的描述**

变量	具体描述
V	产品的基础价值
x	消费者的位置
t	消费者的不匹配成本系数
C_i	i企业在实施BBP策略时产生的人均成本
ΔC	两家企业实施BBP策略的人均成本之差
μ	$\mu = \Delta C/t$，反映了两家企业数字化能力的差异程度
x_0	第一期购买产品A或B的效用无差别消费者位置
x_1	第二期A企业老顾客购买产品A或B的效用无差别消费者位置
x_2	第二期B企业老顾客购买产品A或B的效用无差别消费者位置
P_{i1}	第一期i企业的价格
P_{io2}	第二期i企业对老顾客制定的价格
P_{in2}	第二期i企业对新顾客制定的价格
Π_{il}	i企业在第l期的利润
Π_i	i企业的总利润

注：i = a，b，分别代表A企业和B企业；l = 1，2，分别代表两个购买时期。

3.2 命题分析

3.2.1 不实施BBP策略的情况

两家企业在不实施BBP策略的情况下，两期的动态博弈本质上是一期博弈的简单重复。

首先，假设第一期购买产品A或B的效用无差别消费者位置为x_0，由此，可以得到：

$x_0 = (-P_{a1} + P_{b1} + t)/2t$

通过对利润函数求最大值，我们可以得到第一期的均衡价格和均衡利润为：

$P_{a1}^* = P_{b1}^* = t$

$\Pi_{a1}^* = \Pi_{b1}^* = t/2$

由此，我们得到企业第二期的均衡价格和两期的总均衡利润为：

$P_{a2}^* = P_{b2}^* = t$

$\Pi_a^* = \Pi_b^* = t$

3.2.2 实施BBP策略的情况

本书采用逆向归纳法求解子博弈纳什均衡，因此需要首先对第二期的均衡进行求解。

假定A企业的第一期市场份额为x_0，则B企业的第一期市场份额为$1 - x_0$。这与Rhee和Thomadsen（2017）的研究相同，我们假设两家企业都能够在第二期完全识别消费者。

首先，在第二期A企业的老顾客区域内可能存在位于x_1的消费者，因此选择继续购买产品A或转而购买产品B的效用是无差异的，进而求得：

$x_1 = (-P_{ao2} + P_{bn2} + t)/2t$

其中$0 < x_1 < x_0$，否则B企业无法有效猎取新顾客。

同理，在B企业的老顾客区域也可以求得：

$x_2 = (-P_{an2} + P_{bo2} + t)/2t$

其中$x_0 < x_2 < 1$，否则A企业无法有效猎取新顾客。

因此，A企业在第二期的利润函数为：

$$\Pi_{a2} = \begin{cases} P_{ao2}x_1 - C_1x_1, \\ 0 < x_1 < x_2 \leqslant x_0 < 1 \\ P_{ao2}x_1 + P_{an2}(x_2 - x_0) - C_1(x_1 + x_2 - x_0), \\ 0 < x_1 < x_0 < x_2 < 1 \\ P_{ao2}x_1 + P_{an2}(x_2 - x_1) - C_1x_2, \\ 0 < x_0 \leqslant x_1 < x_2 < 1 \end{cases}$$

B企业在第二期的利润函数为：

$$\Pi_{b2}=\begin{cases}P_{bo2}\left(1-x_2\right)+P_{bn2}\left(x_2-x_1\right)-C_2(1-x_1), \\ \quad 0<x_1<x_2\leqslant x_0<1 \\ P_{bo2}\left(1-x_2\right)+P_{bn2}\left(x_0-x_1\right)-C_2\left(x_0-x_1+1-x_2\right), \\ \quad 0<x_1<x_0<x_2<1 \\ P_{bo2}\left(1-x_2\right)-C_2(1-x_2), \\ \quad 0<x_0\leqslant x_1<x_2<1\end{cases}$$

通过对利润函数求导，我们得到命题1。

命题1 在两家企业同时实施BBP策略的情况下，第二期的均衡策略受第一期市场份额的影响，存在三种均衡情况：

1）当 $x_0\in\left[\left(3+\mu\right)/4,\ 1\right]$ 时，仅有B企业能够猎取到A企业的老顾客（如图3-1的区域Ⅰ所示）。

各方的均衡价格为：

$$P_{ao2}^{*}=\frac{t+2tx_0+2C_1+C_2}{3}$$

$$P_{an2}^{*}=C_1$$

$$P_{bo2}^{*}=-t+2tx_0+C_1$$

$$P_{bn2}^{*}=\frac{t\left(-1+4x_0\right)+C_1+2C_2}{3}$$

各方的均衡利润为：

$$\Pi_{a2}^{*}=\frac{\left[t+2tx_0-\left(C_1-C_2\right)\right]^2}{18t}$$

$$\Pi_{b2}^{*}=\frac{t^2\left(-17+46x-20{x_0}^2\right)-2t\left(-8+5x_0\right)\left(C_1-C_2\right)+\left(C_1-C_2\right)^2}{18t}$$

2）当 $x_0\in\left[\left(1+\mu\right)/4,\ \left(3+\mu\right)/4\right]$ 时，双方均能够猎取到对方的老顾客（如图3-1的区域Ⅱ所示）。

各方的均衡价格为：

$$P_{ao2}^{*}=\frac{t+2tx_0+2C_1+C_2}{3}$$

$$P_{an2}^{*}=\frac{t\left(3-4x_0\right)+2C_1+C_2}{3}$$

$$P_{bo2}^{*}=\frac{t\left(3-2x_0\right)+C_1+2C_2}{3}$$

$$P_{bn2}^{*}=\frac{t\left(-1+4x_0\right)+C_1+2C_2}{3}$$

各方的均衡利润为：

$$\Pi_{a2}^{*}=\frac{5t^{2}\left(1-2x_{0}+2x_{0}{}^{2}\right)+2t\left(-2+x_{0}\right)\left(C_{1}-C_{2}\right)+\left(C_{1}-C_{2}\right)^{2}}{9t}$$

$$\Pi_{b2}^{*}=\frac{5t^{2}\left(1-2x_{0}+2x_{0}{}^{2}\right)+2t\left(1+x_{0}\right)\left(C_{1}-C_{2}\right)+\left(C_{1}-C_{2}\right)^{2}}{9t}$$

3）当 $x_0\in\left[0,\ \left(1+\mu\right)/4\right]$ 时，仅有A企业能够猎取到B企业的老顾客（如图3-1的区域Ⅲ所示）。

各方的均衡价格为：

$$P_{ao2}^{*}=t-2tx_{0}+C_{2}$$

$$P_{an2}^{*}=\frac{t\left(3-4x_{0}\right)+2C_{1}+C_{2}}{3}$$

$$P_{bo2}^{*}=\frac{t\left(3-2x_{0}\right)+C_{1}+2C_{2}}{3}$$

$$P_{bn2}^{*}=C_{2}$$

各方的均衡利润为：

$$\Pi_{a2}^{*}=\frac{t^{2}\left(9-6x_{0}-20x_{0}{}^{2}\right)-2t\left(3+5x_{0}\right)\left(C_{1}-C_{2}\right)+\left(C_{1}-C_{2}\right)^{2}}{18t}$$

$$\Pi_{b2}^{*}=\frac{\left[t\left(-3+2x_{0}\right)-\left(C_{1}-C_{2}\right)\right]^{2}}{18t}$$

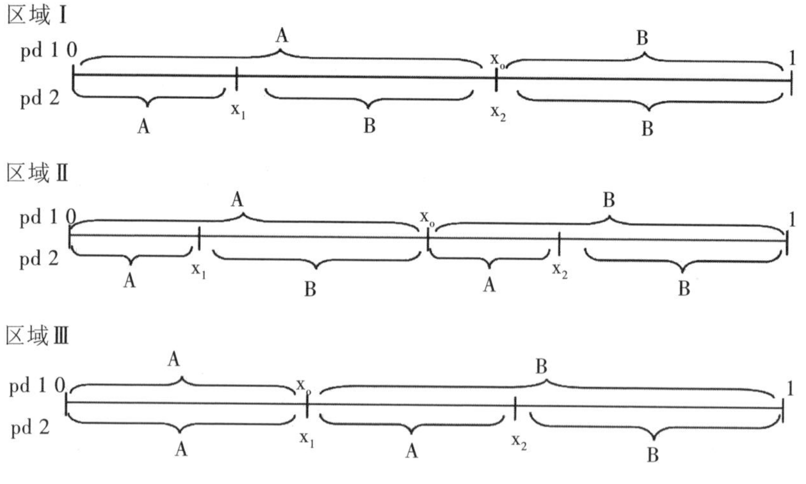

图3-1 不同均衡策略下消费者的分布情况

通过命题1，我们可以发现，两家企业在实施BBP策略时，第二期存在三种可能的均衡状况：（1）在第一期A企业的市场份额足够大时，购买产品B的消费者对B企业有足够强的偏好，这导致A企业即使零利润销售（$P^*_{an2} = C_1$）也无法猎取到B企业的老顾客，因此A企业的BBP策略实际上是无效的（如图3-1的区域Ⅰ所示）；（2）当$x_0 \in \left[(1+\mu)/4,\ (3+\mu)/4\right]$时，两家企业在第一期的市场份额差距不大，消费者的偏好强度均不够强，因此在第二期两家企业都能够从对方的老顾客中猎取部分顾客成为自己的新顾客（如图3-1的区域Ⅱ所示）；（3）当在第一期B企业的市场份额足够大，即$x_0 \in \left[0,\ (1+\mu)/4\right]$时，购买产品A的消费者对A企业有足够强的偏好，这导致B企业的BBP策略无效（如图3-1的区域Ⅲ所示）。

图3-2是数字化能力差异和市场份额对第二期均衡策略的影响。从图3-2中可以看出，三种均衡策略的边界值会受到企业数字化能力差异的影响。随着A企业与B企业数字化能力的差异程度的加大，B企业单方猎取的可能性在降低，而A企业单方猎取的可能性在提高。这意味着，企业间数字化能力的差异程度越大，数字化能力较强的企业越有可能因为实施BBP策略而获得更多的新顾客，而其竞争对手保留老顾客的难度也在增加。

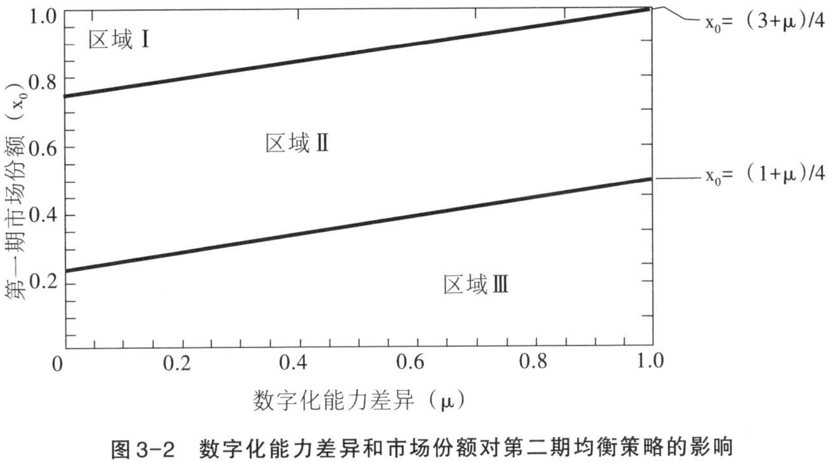

图3-2　数字化能力差异和市场份额对第二期均衡策略的影响

通过比较企业的第二期均衡利润，可以得到推论1：

推论1　与不实施BBP策略的情况相比，当第一期存在市场主导企业（区域Ⅰ和区域Ⅲ）时，BBP策略会提高两家企业的第二期利润。

与Li和Jain（2016）、刘思雨和胡奇英（2021）的结论有所不同，研究发现实施BBP策略不一定会降低企业的第二期利润。当第一期存在市场主导企业时，实施BBP策略反而会使两家企业的第二期利润均变高。这是因为当某一企业在第一期市场中占据绝大部分市场份额时，在第二期它便无法有效猎取对方的老顾客，这在一定程度上缓和了第二期的市场竞争程度，最终导致两家企业会提高第二期的价格，从而提高了双方的利润。

推论2 第一期市场主导企业的第二期利润会低于其竞争对手，而企业数字化能力的差异正向影响A企业的利润，负向影响B企业的利润。

推论2表明在实施BBP策略时，第一期过大的市场份额反而有可能对企业不利。对初始市场份额较小的企业而言，实施BBP策略有可能使企业的竞争态势在第二期发生逆转，甚至帮助弱势企业在第二期获得高于竞争对手的收益。同时，BBP策略对企业利润的影响与其数字化能力有关，相较于竞争对手的数字化能力越强，企业获利也就越多。

通过比较第二期的均衡价格，我们得到命题2。

命题2 在两家企业同时实施BBP策略时：

1）当 $x_0 < 1/3$，且 $\mu < x_0$ 时，A企业的老顾客价格会低于其新顾客价格。

2）当 $2/3 < x_0 \leqslant 1$ 时，B企业的老顾客价格会低于其新顾客价格。

命题2表明两家企业只有在第一期市场份额较小的情况下，才有可能向其老顾客提供更低的价格。当A企业第一期市场份额较小，且两家企业的数字化能力差异程度足够小时，B企业的BBP策略成本与A企业基本无差异。这种情况下，B企业能够接受猎取A企业老顾客所带来的成本负担，但因为A企业的第一期市场份额较小，顾客忠诚度较高，B企业如果想猎取这一部分老顾客，就必须提供一个非常低的价格。因此，A企业只能被迫以非常低的价格来应对，这就会导致A企业对老顾客提供低于新顾客的价格；反之，如果数字化能力的差距程度比较大，则会导致两家企业的BBP策略成本差异较大。出于成本的考虑，B企业不会想要猎取A企业的老顾客，因此便不会过分降低价格，此时A企业也不需要向老顾客提供更低的价格。与此类似，当B企业的第一期市场份额足够小时，它也会向老顾客提供优惠。同时，因为A企业的BBP策略成本低于B企业，所以A企业猎取B企业老顾客的意愿较强，进而导致B企业总是向老顾客提供更低的价格。也就是说，当数字化能力强的企业以较低的成本实施BBP策略时，为了留住老顾客，数字化能力弱的企业往往只能通过向老顾客提供优惠价格来保住市场份额，且实施这一保留策略的可能性要远大于数字化能力强的企业。

接着考虑第一期。此时，第一期的消费者通过比较两期的总效用进行购买决策，第一期位于x_0的边际消费者选择A、B两家企业产品的效用无差异。我们可以分别基于第二期的三种均衡状况求解。

当边际消费者位于图3-1中的区域Ⅰ时，则有：

$$V - tx_0 - P_{a1} + V - t(1 - x_0) - \frac{1}{3}\left[t(-1 + 4x_0) + C_1 + 2C_2\right]$$
$$= V - t(1 - x_0) - P_{b1} + V - t(1 - x_0) - (-t + 2tx_0 + C_1)$$

得到：

$$x_0 = \frac{-3P_{a1} + 3P_{b1} + 3t + 2C_1 - 2C_2}{4t}$$

其中，$\frac{1}{3}(2t + 3C_2 - 3C_1) \leqslant P_{b1} - P_{a1} \leqslant \frac{1}{3}(3t + 2C_2 - 2C_1)$。

与此类似，对区域Ⅱ和区域Ⅲ的求解，可得第一期无差异点x_0的函数表示式为：

$$x_0 = \begin{cases} \text{Min}\left\{x_0 = \frac{-3P_{a1} + 3P_{b1} + 3t + 2C_1 - 2C_2}{4t},\ 1\right\}, \\ \frac{1}{3}(2t + 3C_2 - 3C_1) \leqslant P_{b1} - P_{a1} \leqslant \frac{1}{3}(3t + 2C_2 - 2C_1) \\ \frac{(-3P_{a1} + 3P_{b1} + 4t + C_1 - C_2)}{8t}, \\ \frac{1}{3}(-2t + 3C_2 - 3C_1) \leqslant P_{b1} - P_{a1} \leqslant \frac{1}{3}(2t + 3C_2 - 3C_1) \\ \text{Max}\left\{x_0 = \frac{-3P_{a1} + 3P_{b1} + t + 2C_1 - 2C_2}{4t},\ 0\right\}, \\ \frac{1}{3}(-3t + 2C_2 - 2C_1) \leqslant P_{b1} - P_{a1} \leqslant \frac{1}{3}(-2t + 3C_2 - 3C_1) \end{cases}$$

因此，各方的第一期利润函数为：

$$\Pi_{a1} = x_0 P_{a1}$$

$$\Pi_{b1} = x_0 P_{b1}$$

结合命题1中两家企业的第二期利润，可以得到两家企业两期的总利润为：

$$\Pi_a = \begin{cases} \dfrac{-5P_{a1}^{2} + (P_{b1} + t)^2 + 4P_{a1}(P_{b1} + C_1 - C_2)}{8t}, \\ \dfrac{1}{3}(2t + 3C_2 - 3C_1) \leqslant P_{b1} - P_{a1} \leqslant \dfrac{1}{3}(3t + 2C_2 - 2C_1) \\ \dfrac{-63P_{a1}^{2} + 45P_{b1}^{2} + 80t^2 - 96tC_1 + 45C_2^{2} + 54P_{b1}(C_1 - C_2) + 96tC_2 - 90C_1C_2 + 45C_2^{2} + 18P_{a1}\left[P_{b_1} + 8t - (C_1 - C_2)\right]}{288t}, \\ \dfrac{1}{3}(-2t + 3C_2 - 3C_1) \leqslant P_{b1} - P_{a1} \leqslant \dfrac{1}{3}(2t + 3C_2 - 3C_1) \\ \dfrac{-11P_{a1}^{2} - 5P_{b1}^{2} - 3t^2 - 14tC_1 - 4C_1^{2} + 2P_{a1}(8P_{b1} + 9t + 7C_1 - 7C_2) - 2P_{b1}(6t + 5C_1 - 5C_2) + 14tC_2 + 8C_1C_2 - 4C_2^{2}}{8t}, \\ \dfrac{1}{3}(-3t + 2C_2 - 2C_1) \leqslant P_{b1} - P_{a1} \leqslant \dfrac{1}{3}(-2t + 3C_2 - 3C_1) \end{cases}$$

$$\Pi_b = \begin{cases} \dfrac{-5P_{a1}^{2} - 11P_{b1}^{2} - 3t^2 + 14tC_1 - 4C_1C_1^{2} + 2P_{a1}(8P_{b1} - 6t + 5C_1 - 5C_2) - 14tC_2 + 8C_1C_2 - 4C_2^{2} + 2P_{b1}(9t - 7C_1 + 7C_2)}{8t}, \\ \dfrac{1}{3}(2t + 3C_2 - 3C_1) \leqslant P_{b1} - P_{a1} \leqslant \dfrac{1}{3}(3t + 2C_2 - 2C_1) \\ \dfrac{45P_{a1}^{2} - 63P_{b1}^{2} + 80t^2 + 96tC_1 + 45C_1^{2} + 18P_{b1}(8t + C_1 - C_2) - 96tC_2 - 90C_1C_2 + 45C_2^{2} + 18P_{a1}\left[P_{b1} - 3(C_1 - C_2)\right]}{288t}, \\ \dfrac{1}{3}(-2t + 3C_2 - 3C_1) \leqslant P_{b1} - P_{a1} \leqslant \dfrac{1}{3}(2t + 3C_2 - 3C_1) \\ \dfrac{P_{a1}^{2} + 4P_{a1}P_{b1} - 5P_{b1}^{2} + 2P_{a1}t + t^2 - 4P_{b1}C_1 + 4P_{b1}C_2}{8t}, \\ \dfrac{1}{3}(-3t + 2C_2 - 2C_1) \leqslant P_{b1} - P_{a1} \leqslant \dfrac{1}{3}(-2t + 3C_2 - 3C_1) \end{cases}$$

因此，通过对利润函数的求导，我们可以得到两家企业的反应函数。通过对两个反应函数交点位置的企业利润进行比较，我们可以得到以下命题：

命题3 在两家企业同时实施BBP策略时，存在两个纯策略均衡的参数区间：

1）**当** $0 \leqslant \mu \leqslant \dfrac{248}{3 \times \left(229 + 37\sqrt{35}\right)}$ **时，均衡状态为A企业和B企业在第二期都能够猎取新顾客。**

2）**当** $\dfrac{12\,509}{3 \times \left(3\,836 + 481\sqrt{35}\right)} < \mu < 1$ **时，均衡状态为A企业在第二期能够猎取新顾客，B企业无法猎取新顾客。**

在两家企业同时实施BBP策略的情况下，我们发现：（1）当两家企业数字化能力的差异程度不大时，存在纯策略均衡。在这一均衡状态下，两家企业都能够猎取对方的老顾客，并且BBP策略对企业绩效是不利的，这与对称竞争市场下的相关研究结论是一致的。（2）当两家企业的数字化能力的差距程度较大时，也存在纯策略均衡。在这一均衡状态下，只有数字化能力强的A企业才能够猎取竞争对手的新顾客。结合命题1，我们可以发现，当两家企业的数字化能力的差距程度较大时，考虑到竞争对手的BBP策略可能无效的情况，数字化能力较强的企业有可能在第一期放弃对市场份额的争夺，更关注第二期的市场份额。一方面，企业可以制定一个较高的老顾客价格；另一方面，企业能够获得更多的新顾客，在这两个方面的共同作用下，企业能够充分发挥数字化能力的优势，提升企业绩效水平。因此，对数字化能力较强的企业而言，需要区别对待两期的市场竞争，企业甚至可以通过战略性地降低第一期市场份额，在第二期重点发挥数字化能力的优势，使两期总收益得到提高。（3）当两家企业数字化能力的差异程度处于中值时，不存在纯策略均衡，企业的价格决策具有不确定性。

通过比较纯策略均衡下的价格，我们可以得到命题4。

命题4 企业的两期均衡价格大小关系为：

1）当$0 \leqslant \mu \leqslant \frac{248}{3 \times \left(229 + 37\sqrt{35}\right)}$时，若$0 < C_1 \leqslant \frac{451C_2 + 148\sqrt{35}\,C_2}{947 + 148\sqrt{35}}$或$\frac{451C_2 + 148\sqrt{35}\,C_2}{947 + 148\sqrt{35}} < C_1$，且$\frac{3C_1 + 45C_2}{32} < t$，则$P_{an2} < P_{ao2} < P_{a1}, P_{bn2} < P_{bo2} < P_{b1}$。

2）当$0 \leqslant \mu \leqslant \frac{248}{3 \times \left(229 + 37\sqrt{35}\right)}$时，若$\frac{563C_2 + 111\sqrt{35}\,C_2}{811 + 111\sqrt{35}} < C_1$且$t < \frac{C_1 + C_2}{2}$，则$P_{a1} < P_{an2} < P_{ao2}, P_{b1} < P_{bn2} < P_{bo2}$。

3）当$\frac{12\,509}{3 \times \left(3\,836 + 481\sqrt{35}\right)} < \mu < 1$时，$P_{a1} < P_{an2} < P_{ao2}, P_{b1} < P_{bn2} < P_{bo2}$。

通过命题4，我们可以发现：（1）当两家企业数字化能力的差异程度不大时，第二期的新老顾客价格均低于第一期价格，这与已有的研究结论（Rhee和 Thomadsen，2017；Li，2016；刘思雨和胡奇英，2021）是一致的。（2）当两家企业数字化能力的差异程度较大时，可能存在完全相反的结论，即第二期的价格会更高。这是因为较大的数字化能力差异，使得弱势企业更希望在第一期占据较大的市场份额，进而在第二期才能够保住一定的老顾客，这进一步加剧了第一期的竞争程度。同时，在第二期只有数字化能力强的企业才能够猎取对手的顾客，这在一定程度上缓解了两家企业在第二期的竞争程度。因此，两家企业在第二期的新老顾客价格均高于第一期的价格。

最后，我们比较实施BBP策略前后的均衡利润，由此得到命题5。

命题5 相对于不实施BBP策略的情况，实施BBP策略后企业的均衡利润变化如下：

1）**当** $0 \leqslant \mu \leqslant \frac{248}{3 \times \left(229 + 37\sqrt{35}\right)}$ **或** $\frac{12\,509}{3 \times \left(3\,836 + 481\sqrt{35}\right)} < \mu \leqslant \frac{50}{24 + 13\sqrt{(17/3)}}$ **时，两家企业的利润均低于不实施BBP策略的情况。**

2）**当** $\frac{50}{24 + 13\sqrt{(17/3)}} < \mu < 1$ **时，A企业的利润高于不实施BBP策略的情况，B企业的利润低于不实施BBP策略的情况。**

命题5表明在两家企业同时实施BBP策略时，存在企业利润变高的情况。这与其他研究结论有着明显的不同，之前的研究认为BBP策略会产生囚徒困境，降低企业利润。而我们研究发现，当两家企业数字化能力的差异程度不大时，实施BBP策略的确会同时降低两家企业的利润。但当两家企业数字化能力的差异程度足够大时，数字化能力较强的企业能够更容易地增加市场份额，提高产品价格，最终提升企业的总利润，甚至高于不实施BBP策略的情况，而数字化能力较弱的企业则无法通过BBP策略在第二期有效获得新顾客，企业在第二期的损失远大于第一期市场份额增加所带来的收益，因此企业的总利润仍然低于不实施BBP策略的情况。综上所述，对企业而言，实施BBP策略并不一定总是不利的。企业可以通过提升自身的数字化能力来改变BBP策略对企业绩效的影响，摆脱BBP策略带来的囚徒困境。因此，在数字化技术快速发展的时代，提升数字化能力是每个企业都必须高度重视的。

3.3 命题拓展

本节我们将进一步考虑BBP决策内生的情况，为了能够得到均衡解并进行比较，我们假设企业在实施BBP策略时总是能够有效猎取新顾客，即参数满足$0 \leqslant \mu \leqslant \frac{248}{3 \times \left(229 + 37\sqrt{35}\right)}$。

3.3.1 仅A企业实施BBP策略

与主模型的求解过程类似，首先通过对第二期的求解可以得到各方的利润函数：

$$\Pi_{a2} = P_{ao2}x_1 + P_{an2}\left(x_2 - x_0\right) - C_1\left(x_1 + x_2 - x_0\right)$$

$$\Pi_{b2} = P_{bo2}\left(1 - x_2\right) + P_{bn2}\left(x_0 - x_1\right) - C_2\left(x_0 - x_1 + 1 - x_2\right)$$

进而可以得到两家企业的均衡利润：

$$\Pi_a^{DU*} = \frac{17 \times \left(92C_2 + \frac{156{C_2}^2}{t} + 529t\right)}{12\,696}$$

$$\Pi_b^{DU*} = -\frac{55C_2}{276} + \frac{393{C_2}^2}{2\,116t} + \frac{31t}{48}$$

均衡解存在的区间为：$C_2 > 0$，且$t > \frac{54C_2}{23}$。其中，DU表示仅有A企业实施BBP策略。

3.3.2 仅B企业实施BBP策略

与3.3.1的求解过程类似，可以得到UD组合的两家企业的均衡收益为：

$$\Pi_a^{UD*} = -\frac{55C_1}{276} + \frac{393{C_1}^2}{2\,116t} + \frac{31t}{48}$$

$$\Pi_b^{UD*} = \frac{17 \times \left(92C_1 + \frac{156C_1^{\ 2}}{t} + 529t\right)}{12\,696}$$

均衡解存在的区间为：$C_1 > 0$，且$t > \frac{54C_1}{23}$。其中，UD表示仅有B企业实施BBP策略。

两家企业间的信息完全公开透明，且同时实施BBP决策，通过构建收益矩阵，可以得到各方的均衡决策，由此得到命题6。

命题6 当BBP策略内生时，两家企业同时实施BBP策略或同时不实施BBP策略为该博弈的纳什均衡策略。

命题6表明即使在BBP策略内生的情况下，竞争性企业的BBP策略选择往往也是趋同的，这与其他研究结论（张凯，2020；马东升等，2020；Colombo，2016；Pazgal和Soberman，2008）是一致的。然而，正如前文所述，在非对称情境下，这一结果可能会有所不同，即当两家企业数字化能力的差异程度较大时，数字化能力较强的企业有可能因为实施BBP策略而获益，从而打破囚徒困境。

推论3 两家企业同时不实施BBP策略为唯一的帕累托占优策略，即两家企业同时不实施BBP策略的利润恒大于同时实施BBP策略的利润。

推论3表明，两家企业同时不实施BBP策略可达成帕累托占优策略，即当两家企业能够从全局角度考虑决策时，两家企业将同时不实施BBP策略。但由于企业决策的复杂性，如企业非常重视风险规避（Fudenberg和Tirole，1991）、企业决策顺序的变化（Pazgal和Soberman，2008；Colombo，2016）以及竞争态势的不同等会导致帕累托占优策略无法实现，因此两家企业同时实施BBP策略仍有可能成为最终的均衡策略。

3.4 本章小结

越来越多的企业开始注重数字化转型，并基于企业的数字化能力实施BBP策略进行差异化营销。然而，在实践中企业间的数字化能力往往是不同的。本章针对这一情况，在数字化能力存在差异的竞争情境下，研究了BBP策略对企业的定价、利润以及均衡策略的影响，并与不实施BBP策略的情况进行了对比分析。

研究发现：首先，企业的第二期均衡策略受企业数字化能力的差异程度以及第一期市场份额的影响，存在各方都能够猎取对方顾客以及只有单方能够猎取对方顾客的均衡状况。在单方猎取的均衡状态下，存在企业的第二期利润高于不实施BBP策略以及企业向老顾客提供优惠价格的情况。其次，在考虑两期时，存在两种可能的纯策略均衡。当两家企业数字化能力的差异程度不大时，均衡状态为各方都能够猎取对方的老顾客；当两家企业数字化能力的差异程度较大时，存在数字化能力较强的企业单方猎取的均衡状态。最后，与以往研究结论不同，我们发现在数字化能力差异程度较大的情况下，企业的第二期价格会高于第一期价格，并且数字化能力较强的企业能够通过实施BBP策略获益。

4　考虑体验产品质量差异下的企业BBP策略研究

本章将考虑在体验产品市场中，产品的质量差异对BBP策略选择的影响。

4.1　模型与假设

我们构建了一个双寡头垄断的两期动态博弈模型，市场上存在生产质量差异化体验产品的A企业和B企业，它们分别在两期向消费者销售各自的产品。A企业生产高质量的产品A，其产品价值为V_H；B企业生产低质量的产品B，其产品价值为V_L，我们将企业间的产品质量差异记为$\Delta V \equiv V_H - V_L > 0$。为了便于分析，$\Delta V$也被定义为消费者估值差异。在不失一般性的前提下，我们假定V_H和V_L足够高，从而使市场在每个时期都得到充分覆盖，并将生产产品的边际成本简化为零（Chen和Zhang，2009）。与Fudenberg和Tirole（2000）以及Shin和Sudhir（2010）的观点一致，我们假设消费者在每个时期对产品都有单位需求，而且均匀地分布在从0到1的Hotelling线上（Jing，2017）。A企业位于位置0，B企业位于位置1。消费者的位置反映了消费者对产品的偏好（Rhee和Thomadsen，2017），当消费者在距离自己位置x处的地方购买产品时，会产生不匹配效用tx，其中t为单位运输成本。

因为体验产品的特性，消费者在实际消费前无法确定产品的确切价值，所以在第一期消费者只是知道市场上存在两种不同的体验产品，但不确定哪种产品更有价值。在这种情况下，消费者认为两种产品质量高低的概率为$\frac{1}{2}$。这表明消费者在购买前对两种产品的预期价值都是$\bar{V}=\frac{V_H+V_L}{2}$。因此，在第一期位于x的消费者以价格$p_A$购买A企业产品的效用为$\bar{V}-p_A-tx$。同样，消费者以价格$p_B$购买B企业的产品所获得的效用为$\bar{V}-p_B-t(1-x)$。在第二期，消费者可以发现他们在第一期购买过的产品的确切价值。因此，位于x的消费者以价格p_A重复购买A企业产品所获得的第二期效用为V_H-p_A-tx，以价格p_B重复购买B企业产品所获得的效用为$V_L-p_B-t(1-x)$。

博弈顺序如下（如图4-1所示）：（1）在第一期，两家企业同时设定第一期价格p_j，$j\in\{A, B\}$。消费者观察价格并做出购买决策。（2）在第二期，两家企业同时决定是否实施BBP策略。若实施BBP策略，则企业对新老顾客设定不同价格，记为p_{jn}和p_{jo}，$j\in\{A, B\}$；若不实施BBP策略，则企业对新老顾客设定统一价格，记为p_{2j}，$j\in\{A, B\}$。消费者根据观察的价格选择继续购买或者转移购买。同时，可以计算企业第一期和第二期的收益，记为Π_{ij}，$i\in\{1, 2\}$，$j\in\{A, B\}$。

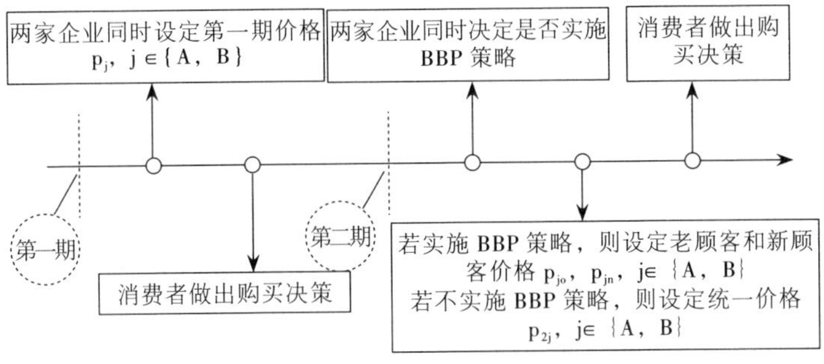

图4-1 博弈顺序

4.2 模型分析

4.2.1 基准模型：无BBP策略的情况

我们首先研究企业不实施BBP策略的情况，即A企业和B企业都不实施BBP策略，并以此作为基准模型。为了便于分析，我们将这种情况称为NN。在这种情况下，企业无法获取消费者在第一期的购买记录，因此在第二期向新老顾客提供相同的价格。两期动态博弈可以看作是两期重复静态博弈。因此，可以得到 $\bar{V} - tx_0 - p_A = \bar{V} - t(1 - x_0) - p_B$ 和 $x_0 = \frac{t + p_B - p_A}{2t}$。其中，$x_0$是第一期边际消费者的位置。此外，企业的利润函数为$\Pi_{1A}^{NN} = p_A x_0$和$\Pi_{1B}^{NN} = p_B(1 - x_0)$。利用一阶求导条件得出均衡零售价格，即 $p_A^{NN*} = p_B^{NN*} = t$。在均衡状态下，无差别消费者位于 ${x_0}^{NN*} = \frac{1}{2}$，企业的均衡利润为$\Pi_{1A}^{NN*} = \Pi_{1B}^{NN*} = \frac{t}{2}$。

接下来，将第一期求解过程用于第二期求解。让x_1表示第二期无差别消费者的位置，因此处于该位置的消费者留在A（B）企业和转移到B（A）企业的效用相同，我们可以通过$\bar{V} - tx_1 - p_{2A} = V_L - t(1 - x_1) - p_{2B}$，得到 $x_1 = \frac{2t + \Delta V + 2p_{2B} - 2p_{2A}}{4t}$。除此之外，第二期的利润函数可以表示为 $\Pi_{2A}^{NN} = p_{2A} x_1$ 和 $\Pi_{2B}^{NN} = p_{2B}(1 - x_1)$。第二期的均衡价格为 $p_{2A}^{NN*} = t + \frac{\Delta V}{6}$和 $p_{2B}^{NN*} = t - \frac{\Delta V}{6}$，无差别消费者的位置为 ${x_1}^{NN*} = \frac{6t + \Delta V}{12t}$。

引理1总结了两家企业均不实施BBP策略时的均衡结果。

引理1 当两家企业都不实施BBP策略时，每个时期都存在唯一的纯策略均衡：A企业和B企业在第一期设定相同的价格（$p_A^{NN*} = p_B^{NN*} = t$），在第二期设定不同的价格（$p_{2A}^{NN*} = t + \frac{\Delta V}{6}$和$p_{2B}^{NN*} = t - \frac{\Delta V}{6}$）。A企业和B企业在第一期的市场份额和利润分别为 ${x_0}^{NN*} = 1 - {x_0}^{NN*} = \frac{1}{2}$

和 $\Pi_{1A}^{NN*} = \Pi_{1B}^{NN*} = \frac{t}{2}$，在第二期的市场份额和利润分别为 $x_1^{NN*} = \frac{6t + \Delta V}{12t}$，$1 - x_1^{NN*} = \frac{6t - \Delta V}{12t}$，$\Pi_{2A}^{NN*} = \frac{(6t + \Delta V)^2}{72t}$ 和 $\Pi_{2B}^{NN*} = \frac{(6t - \Delta V)^2}{72t}$。

在此基础上，我们可以计算消费者剩余和社会福利。参考Li和Jain（2016）与Li（2021b）的研究结果，第一期和第二期的消费者剩余分别为 $CS_1 = \int_0^{x_0} \bar{V} - p_A - tx dx + \int_{x_0}^{1} \bar{V} - p_B - t(1 - x) dx$ 和 $CS_2 = \int_0^{x_0} V_H - p_{2A} - tx dx + \int_{x_0}^{x_1} \bar{V} - p_{2A} - tx dx + \int_{x_1}^{1} V_L - p_{2B} - t(1 - x) dx$。社会福利表示为 $WF = CS + \Pi_A + \Pi_B$，其中CS表示总消费者剩余，即 $CS = CS_1 + CS_2$。将引理1的均衡结果代入消费者剩余和社会福利函数中，可以得到引理2。

引理2 当两家企业都不实施BBP策略时，消费者剩余和社会福利为 $CS^{NN*} = V_H + \frac{\Delta V^2}{144t} + V_L - \frac{5t}{2}$ 和 $WF^{NN*} = V_H + \frac{\Delta V^2}{144t} + V_L - \frac{t}{2}$。

4.2.2 两家企业均实施BBP策略的情况

本节我们将研究两家企业都实施BBP策略的情况。与Li（2021b）与Laussel和Resende（2022）逆向求解两期博弈的方法一致，我们首先分析第二期的均衡情况，然后分析第一期的均衡情况。

在第二期，企业可以获得消费者第一期的购买记录，两家企业都可以为新老顾客提供不同的价格。由于所有消费者在第一期都面临相同的价格，因此在第一期存在一个无差异点 $x_0 \in [0, 1]$，所有位于 x_0 左侧的消费者在第一期都购买了A企业的产品，而位于 x_0 右侧的消费者都购买了B企业的产品。

我们首先考虑第一期购买A企业产品的消费者。在A企业的老顾客区域内可能存在位于 x_a 的消费者，他们在第二期选择以价格 p_{Ao} 继续购买产品A或以价格 p_{Bn} 转而购买产品B的效用是无差异的。其效用函数表示为：

$$V_H - p_{Ao} - tx_a = \bar{V} - p_{Bn} - t(1 - x_a)$$

其中 $0 < x_a < x_0$，否则B企业无法有效猎取新顾客。

公式左侧是A企业的顾客以价格 p_{Ao} 继续购买价值 V_H 的产品A的效用，公式右侧则是A企业的顾客以价格 p_{Bn} 转移购买价值 $\bar{V}$ 的产品B的效用。根据公式，可以得出：

$$x_a = \frac{2t + \Delta V + 2p_{Bn} - 2p_{Ao}}{4t}$$

同理，在B企业的老顾客区域，可以求得：

$$V_L - p_{Bo} - t(1 - x_b) = \bar{V} - p_{An} - tx_b$$

$$x_b = \frac{2t + \Delta V + 2p_{Bo} - 2p_{An}}{4t}$$

其中 $x_0 < x_b < 1$，否则A企业无法有效猎取新顾客。

A企业和B企业的第二期利润为：

$$\Pi_{2A} = p_{Ao}\min(x_a,\ x_0) + p_{An}[\max(x_b,\ x_0) - x_0]$$

$$\Pi_{2B} = p_{Bo}[1 - \max(x_b,\ x_0)] + p_{Bn}[x_0 - \min(x_a,\ x_0)]$$

企业根据利润最大化设定第二期价格。根据上述公式，我们可以得到第二期的均衡价格和利润，见命题7。

命题7 在同时实施BBP策略的情况下，两家企业的第二期均衡状态受第一期市场份额的影响，存在三种可能的均衡：

1）**当** $x_0 \in \left[0, \frac{2t + \Delta V}{8t}\right)$ **时，仅高质量企业能够猎取新顾客，此时的均衡价格为** $p_{An}^* = t - \frac{4tx_0}{3} + \frac{\Delta V}{6}$，$p_{Ao}^* = t - 2tx_0 + \frac{\Delta V}{2}$，$p_{Bn}^* = 0$ **和** $p_{Bo}^* = t - \frac{2tx_0}{3} - \frac{\Delta V}{6}$。

2）**当** $x_0 \in \left[\frac{2t + \Delta V}{8t}, \frac{6t + \Delta V}{8t}\right]$ **时，两家企业都能够猎取新顾客，此时的均衡价格为** $p_{An}^* = t - \frac{4tx_0}{3} + \frac{\Delta V}{6}$，$p_{Ao}^* = \frac{t}{3} + \frac{2tx_0}{3} + \frac{\Delta V}{6}$，$p_{Bn}^* = -\frac{t}{3} + \frac{4tx_0}{3} - \frac{\Delta V}{6}$ **和** $p_{Bo}^* = t - \frac{2tx_0}{3} - \frac{\Delta V}{6}$。

3）**当** $x_0 \in \left(\frac{6t + \Delta V}{8t}, 1\right]$ **时，仅低质量企业能够猎取新顾客，此时的**

均衡价格为 $p_{An}^* = 0$，$p_{Ao}^* = \frac{t}{3} + \frac{2tx_0}{3} + \frac{\Delta V}{6}$，$p_{Bn}^* = -\frac{t}{3} + \frac{4tx_0}{3} - \frac{\Delta V}{6}$ **和** $p_{Bo}^* = -t + 2tx_0 - \frac{\Delta V}{2}$。

命题7揭示了第一期市场份额差异如何影响消费者在第二期的转移行为。为了更直观地展现命题7，我们在图4-2中进行了展示，分别给出了三个区域的消费者在第一期和第二期分别会选择的产品。当A企业的第一期市场份额足够小（区域1：$0 \leq x_0 < \frac{2t + \Delta V}{8t}$）时，购买A企业产品的消费者对产品A有强烈的偏好。同时，B企业虽在第一期获得了比A企业更大的市场份额，但位于霍特林线中心附近的部分消费者对B企业的忠诚度有限，可能会以更低的价格转移到A企业。因此，只有A企业可以挖走竞争对手的顾客。此时可以得到第二期均衡结果（见命题7的1）项）。同样，当A企业的第一期市场份额足够大（区域3：$\frac{6t + \Delta V}{8t} < x_0 \leq 1$）时，这种情况下意味着B企业的第一期市场份额足够小。根据与区域1相同的逻辑，只有B企业可以从A企业猎取新顾客。当A企业和B企业的第一期市场份额适中（区域2：$\frac{2t + \Delta V}{8t} \leq x_0 \leq \frac{6t + \Delta V}{8t}$）时，位于霍特林线中心附近的消费者对A企业和B企业产品的忠诚度较低。因此，A企业和B企业都可以在第二期以较低的新顾客价格向B企业和A企业所在地的部分消费者出售产品。因此，命题7的2）项说明了两家企业都能够猎取一部分新顾客的情形，这与Rhee和Thomadsen（2017）以及Li（2021b）等的研究成果一致。

命题7表明如果A企业或B企业在第一期占据了市场主导地位，那么在第二期只有市场份额较小的企业才有可能猎取新顾客。这一结果在成熟市场上尤为明显，因为市场份额大的企业（即占主导地位的企业）实施BBP策略很可能是无效的，所以企业无法通过降低新顾客价格来猎取新顾客。相反，对市场份额较小的企业来说，BBP策略可能是扩大市场份额的有效定价策略。因此，初始市场份额较小的企业可以通过投资数字化来提高定价能力，从而提升利润。这一观察结果可以用来解释为什么拼多多作为一个初始市场份额较小的电子商务平

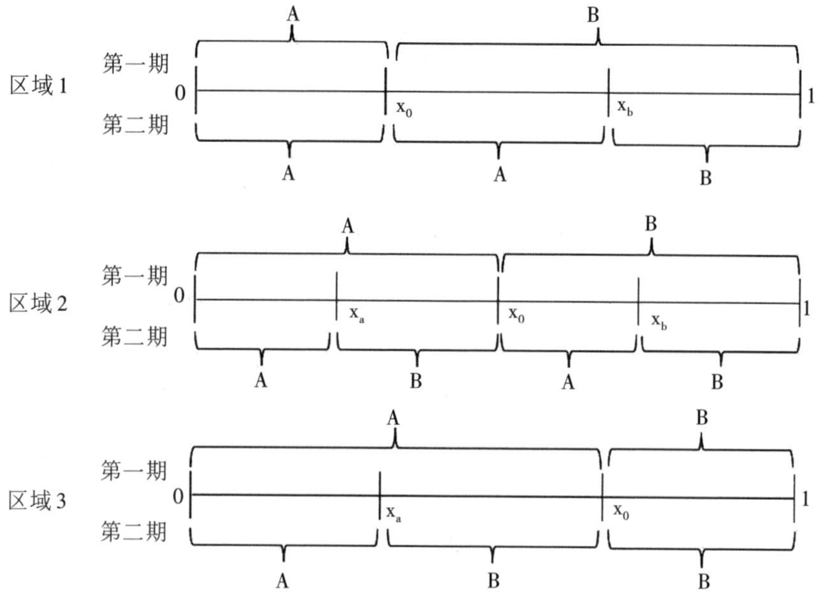

图4-2 第二期消费者选择分布情况

台，在实践中更多地通过向新顾客提供低价，从淘宝猎取顾客。

企业的BBP策略是否会给老顾客低价也是以往研究中重点关注的问题，由命题7可知，两家企业在第二期存在三种可能的均衡策略。我们通过比较不同均衡下企业的新老顾客价格，发现企业是否会回报老顾客也受到第一期市场份额的影响，并由命题7推导出推论4，推论4说明了企业向老顾客提供更低价格的条件。

推论4 当两家企业都实施BBP策略时，它们可能会在第二期向老顾客提供更低的价格：

1）当 $\frac{\Delta V}{2t} < x_0 < \frac{1}{3}$ **时，高质量企业的第二期老顾客价格低于新顾客价格。**

2）当 $\frac{2}{3} < x_0 < 1$ **时，低质量企业的第二期老顾客价格低于新顾客价格。**

推论4表明了企业是否向老顾客提供较低价格与其第一期市场份额密切相关。具体来说，只有第一期市场份额较小的企业才能在第二期向老顾客提供低价。当A企业的第一期市场份额较小（$\frac{\Delta V}{2t} < x_0 < \frac{1}{3}$）时，其老顾客对产品A具有极强的偏好，B企业只有通过低价才能够获得这部分消费者，为了应对B企业的猎取行为，A企业会向该部分消费者提供更低的价格。此外，当A企业的第一期市场份额非常小时，这部分老顾客认为产品A的价值很高，对产品A有很强的偏好。因此，A企业没有必要在第二期为这部分老顾客提供低价。按照与A企业相同的逻辑，当B企业的第一期市场份额足够小（$\frac{2}{3} < x_0 < 1$）时，它也会在第二期向老顾客提供较低的价格，以留住这部分消费者。推论4的结果与Villas-Boas（1999）以及Fudenberg和Tirole（2000）等研究成果不同，他们认为企业总是向新顾客提供更低的价格。

在第一期，两家公司都自行决定价格，以实现总收益最大化，而消费者则在两期内实现总效用最大化。在前文的分析中，我们发现边际消费者可能位于三个潜在区域。因此，我们将在下文中分别考察这三个潜在区域。

首先，如果第一期的无差别消费者位于区域1，那么该消费者在第一期从B企业购买产品、在第二期转移到A企业购买产品，以及在两期都从A企业购买产品的效用是相同的。因此，我们可以得到：

$$\bar{V} - p_B - t\left(1 - x_0\right) + \bar{V} - p_{An} - tx_b = \bar{V} - p_A - tx_0 + V_H - p_{Ao} - tx_a$$

将命题6中的均衡价格代入到上面的等式中，可以得到：

$$x_0 = \frac{6\left(p_B - p_A\right) + 6t + \Delta V}{8t}$$

其中$\frac{2t}{3} < p_A - p_B \leqslant \frac{6t + \Delta V}{6}$。

其次，如果第一期无差别消费者位于区域2，那么该消费者在第一期从A企业购买、在第二期转移到B企业购买，以及该消费者在第一期从B企业购买、在第二期转移到A企业购买的效用是相同的。因此，我们可以得到：

$$\bar{V} - p_A - tx_0 + \bar{V} - p_{Bn} - t(1 - x_a) = \bar{V} - p_B - t(1 - x_0) + \bar{V} - p_{An} - tx_b$$

$$x_0 = \frac{3(p_B - p_A) + 4t + \Delta V}{8t}$$

其中$-\frac{2t}{3} \leqslant p_A - p_B \leqslant \frac{2t}{3}$。

最后，如果第一期的无差别消费者位于区域3，那么该消费者在第一期从A企业购买、在第二期转移到B企业购买，以及该消费者在两期都从B企业购买的效用是相同的。因此，我们可以得到：

$$\bar{V} - p_A - tx_0 + \bar{V} - p_{Bn} - t(1 - x_a) = \bar{V} - p_B - t(1 - x_0) + V_L - p_{Bo} - t(1 - x_b)$$

$$x_0 = \frac{6(p_B - p_A) + 2t + \Delta V}{8t}$$

其中$\frac{-6t + \Delta V}{6} \leqslant p_A - p_B < -\frac{2t}{3}$。

根据上述等式，得到三个区域内的无差别消费者位置：

$$x_0 = \begin{cases} \dfrac{6(p_B - p_A) + 6t + \Delta V}{8t}, & \dfrac{2t}{3} < p_A - p_B \leqslant \dfrac{6t + \Delta V}{6} \\ \dfrac{3(p_B - p_A) + 4t + \Delta V}{8t}, & -\dfrac{2t}{3} \leqslant p_A - p_B \leqslant \dfrac{2t}{3} \\ \dfrac{6(p_B - p_A) + 2t + \Delta V}{8t}, & \dfrac{-6t + \Delta V}{6} \leqslant p_A - p_B < -\dfrac{2t}{3} \end{cases}.$$

上面三个公式分别对应图4-2中的区域1、区域2和区域3的第一期市场份额，因此可以得出这三种情况下两家企业的总利润函数：

$$\Pi_A = \begin{cases} \dfrac{64p_Ap_B + 72p_At - 48p_Bt + 4p_A\Delta V - 12t^2 + 4t\Delta V + \Delta V^2 - 44{p_A}^2 - 20{p_B}^2}{32t}, \\ \qquad \dfrac{2t}{3} < p_A - p_B \leqslant \dfrac{6t + \Delta V}{6} \\ \dfrac{18p_Ap_B + 144p_At + 18p_A\Delta V + 18p_B\Delta V + 80t^2 + 48t\Delta V + 9\Delta V^2 - 63{p_A}^2 + 45{p_B}^2}{288t}, \\ \qquad -\dfrac{2t}{3} \leqslant p_A - p_B \leqslant \dfrac{2t}{3} \\ \dfrac{4p_B^2 + 16p_Ap_B + 8p_Bt + 4p_B\Delta V + 4t^2 + 4t\Delta V + \Delta V^2 - 20{p_A}^2}{32t}. \\ \qquad \dfrac{-6t + \Delta V}{6} \leqslant p_A - p_B < -\dfrac{2t}{3} \end{cases}$$

$$\Pi_B=\begin{cases}\dfrac{4p_A^{\ 2}-20p_B^{\ 2}+16p_Ap_B+8p_At-4p_A\Delta V+4t^2-4t\Delta V+\Delta V^2}{32t}, & \dfrac{2t}{3}<p_A-p_B\leqslant\dfrac{\Delta V+6t}{6}\\ \dfrac{18p_Ap_B-18p_A\Delta V-18p_B\Delta V+144p_Bt-48t\Delta v+9\Delta V^2+45p_A^{\ 2}-63p_B^{\ 2}+80t^2}{288t}, & -\dfrac{2t}{3}\leqslant p_A-p_B\leqslant\dfrac{2t}{3}\\ \dfrac{64p_Ap_B-44p_B^{\ 2}-48p_At+72p_Bt-12t^2-4p_B\Delta V-4t\Delta V+\Delta V^2-20p_A^{\ 2}}{32t}, & \dfrac{\Delta V-6t}{6}\leqslant p_A-p_B<-\dfrac{2t}{3}\end{cases}$$

最后，通过对利润函数的求导，可以得出A企业和B企业在区域1、区域2和区域3中的反应函数。有趣的是，结合A企业和B企业的最佳反应函数，我们发现B企业在某些条件下有动机偏离初始均衡价格，而A企业则没有（详细证明见附录）。命题8总结了这一结果：

命题8 在两家企业均实施BBP策略时，存在两种纯策略均衡：

1）**当**$0<\Delta V<\dfrac{164t-20\sqrt{35}\,t}{39}$**时，两家企业都能够猎取新顾客。**

2）**当**$\dfrac{4\,102t-260\sqrt{35}\,t}{867}<\Delta V<\dfrac{11t}{3}$**时，仅有高质量企业能够猎取新顾客。**

命题8解释了BBP策略如何影响消费者的转移行为。当两家企业都实施BBP策略时，存在两种纯策略均衡，这种均衡与产品质量差异（ΔV）密切相关。图4-3描绘了纯策略均衡存在的范围，其中虚线表示纯策略均衡存在的边界值。

当产品质量差异较小（$0<\Delta V<\dfrac{164t-20\sqrt{35}\,t}{39}$）时，两家企业的竞争在整体上都是相对对称的。因此，它们的第一期均衡市场份额相当接近。由命题7的2）项可知，当两家企业的第一期市场份额几乎相等（$\dfrac{2t+\Delta V}{8t}\leqslant x_0\leqslant\dfrac{6t+\Delta V}{8t}$）时，两家企业都能够在第二期猎取新顾客。此时，对称的纯策略均衡（如图4-3的F区域所示）与Rhee和

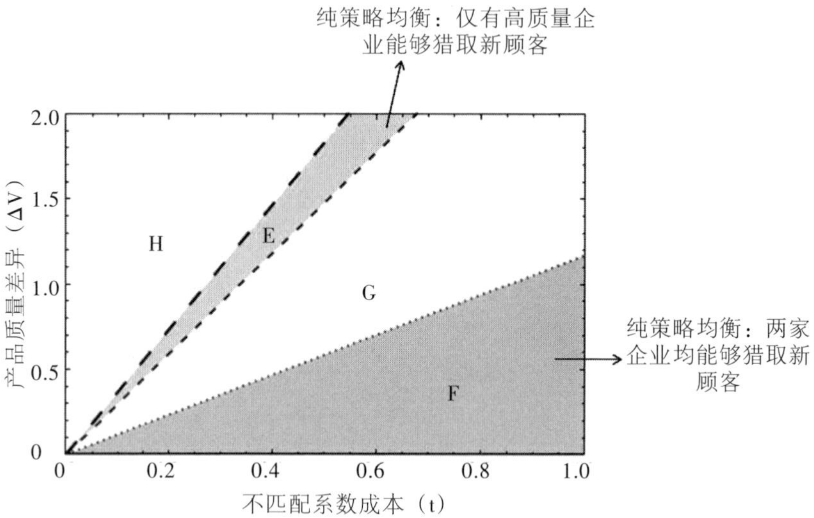

图 4-3 纯策略均衡存在的范围

Thomadsen（2017）的研究结论一致。在这种均衡下，每家企业都可以实施BBP策略以低价猎取新顾客，并在第二期获得更多的利润。因此，当产品质量差异相对较小时，体验产品市场存在对称均衡。

值得注意的是，当产品质量差异变得相对较大（$\frac{4\,102t-260\sqrt{35}\,t}{867}<\Delta V<\frac{11t}{3}$）时，A企业比B企业更具有竞争优势。造成这一结果的原因是，由于体验产品的特性，消费者无法在第一期准确感知各企业产品的质量，高质量企业也无法在第一期利用产品质量优势扩大市场份额，因此高质量企业会战略性地减少第一期的市场份额。与对称均衡情景的分析类似，命题7的1）项表明第一期市场份额较小的高质量企业留住了老顾客，并在第二期从低质量企业猎取新顾客。因此，在第一期会出现新的非对称均衡（如图4-3的E区域所示）。这一观察结果与Rhee和Thomadsen（2017）的研究结论形成鲜明对比，后者只发现唯一的对称均衡是两家企业都会猎取新顾客。而我们进一步发现了体验产品市场中的另一种非对称均衡，即只有高质量企业才能猎取新顾客。非对称均衡产生的原因是消费者在第一期对体验产品价值的不确定性。这一发现表明，在垂直差异化的体验产品市场下，消费者转移行为发生了明显的变化。当产品质量差异相对较大时，体验产

品市场会出现新的非对称均衡。

值得注意的是，当产品质量差异适中或足够大时，企业并不存在纯策略均衡，图4-3中的区域G和区域H就说明了这一点。在区域H中，不存在任何均衡。在区域G中，存在两个均衡解：A企业和B企业都能够猎取新顾客；只有A企业能够猎取新顾客。然而，B企业在区域G有动机偏离最佳反应价格以获取更多利润。因此，区域G中不存在纯策略均衡。

现有文献普遍认为，只存在一个对称的纯策略均衡，即两家企业都能够猎取新顾客（Li，2018；Li，2021a）。相比之下，命题8揭示了一个有趣的结果，即对称纯策略均衡和非对称纯策略均衡都存在，这与产品质量差异密切相关。此外，根据命题8可以得到一些关于体验产品市场的管理启示。当高质量企业拥有足够的产品质量优势时，它宁愿缩小初始市场份额，也不愿在第一期降价与低质量企业竞争，因为低质量企业可以在第二期大幅度扩大市场份额，并通过BBP策略赚取更多利润。这一观察结果表明，BBP策略可以为高质量体验产品企业提供一种战略性定价策略。比如，在汽车行业，特斯拉在推出新产品之初，就为新客户设定了较高的价格。但是，当消费者习惯了特斯拉的产品后，特斯拉会降低新老顾客的价格，以扩大市场份额。同时，从低质量企业的角度来看，当高质量企业拥有相当大的产品质量优势时，BBP策略绝不是赚取更多收益的竞争手段。

根据命题8，我们可以推导出两期的均衡结果，在引理3中进行总结。为了便于分析，区域F表示两家企业都能够猎取新顾客的纯策略均衡；区域E表示只有高质量企业能够猎取新顾客的纯策略均衡。

引理3 在两家企业均实施BBP策略时，表4-1和表4-2分别总结了两家企业在对称均衡和非对称均衡下的两期结果：

当两家企业均能够猎取新顾客（$0 < \Delta V < \frac{164t - 20\sqrt{35}\,t}{39}$）时，对称均衡下的均衡解见表4-1。

当仅有高质量企业（A企业）能够猎取新顾客$\frac{4\,102t - 260\sqrt{35}\,t}{867} < \Delta V < \frac{11t}{3}$时，非对称均衡下的均衡解见表4-2。

表4-1 对称均衡下的均衡解

	A企业的价格	B企业的价格	A企业的利润	B企业的利润
二期	$p_{An}^{*}=\frac{t}{3}+\frac{\Delta V}{8}$ $p_{Ao}^{*}=\frac{2t}{3}+\frac{3\Delta V}{16}$	$p_{Bn}^{*}=\frac{t}{3}-\frac{\Delta V}{8}$ $p_{Bo}^{*}=\frac{2t}{3}-\frac{3\Delta V}{16}$	$\Pi_{2A}=\frac{5t}{18}+\frac{\Delta V}{6}+\frac{13\Delta V^2}{512t}$	$\Pi_{2B}=\frac{5t}{18}-\frac{\Delta V}{6}+\frac{13\Delta V^2}{512t}$
一期	$p_{A}^{*}=\frac{4t}{3}+\frac{\Delta V}{8}$	$p_{B}^{*}=\frac{4t}{3}-\frac{\Delta V}{8}$	$\Pi_{1A}=\frac{(16t+\Delta V)(32t+3\Delta V)}{768t}$	$\Pi_{1B}=\frac{2t}{3}-\frac{5\Delta V}{48}+\frac{\Delta V^2}{256t}$
总	—	—	$\Pi_{A}=\frac{17t}{18}+\frac{13\Delta V}{48}+\frac{15\Delta V^2}{512t}$	$\Pi_{B}=\frac{17t}{18}-\frac{13\Delta V}{48}+\frac{15\Delta V^2}{512t}$

表4-2 非对称均衡下的均衡解

	A企业的价格	B企业的价格	A企业的利润	B企业的利润
二期	$p_{An}^{*}=\frac{9t}{13}+\frac{\Delta V}{26}$ $p_{Ao}^{*}=\frac{7t}{13}+\frac{4\Delta V}{13}$	$p_{Bn}^{*}=0$ $p_{Bo}^{*}=\frac{11t}{13}-\frac{3\Delta V}{13}$	$\Pi_{2A}=\frac{492t^2+202t\Delta V+41\Delta V^2}{1\,352t}$	$\Pi_{2B}=\frac{(11t-3\Delta V)^2}{338t}$
一期	$p_{A}^{*}=\frac{15t}{13}+\frac{5\Delta V}{78}$	$p_{B}^{*}=\frac{18t}{39}+\frac{\Delta V}{39}$	$\Pi_{1A}=\frac{5(18t+\Delta V)(12t+5\Delta V)}{4\,056t}$	$\Pi_{1B}=\frac{5(8t-\Delta V)(18t+\Delta V)}{2\,028t}$
总	—	—	$\Pi_{A}=\frac{213t}{338}+\frac{93\Delta V}{338}+\frac{37\Delta V^2}{1\,014t}$	$\Pi_{B}=\frac{241t}{338}-\frac{223\Delta V}{1\,014}+\frac{49\Delta V^2}{2\,028t}$

关于BBP策略的现有文献普遍认为只存在对称的纯策略均衡，并认为BBP策略通常会降低企业利润，使企业陷入囚徒困境（Li，2018；Li，2021a）。这并不奇怪，因为当企业销售同质商品时，BBP策略往往会加剧竞争。我们的研究表明，在体验产品市场中这一观点在扩大产品质量差异后可能并不成立。正如命题8所述，当两家企业都实施BBP策略时，对称均衡和非对称均衡都存在。这就引出了本章的主要研究问题：在这两种均衡中，企业实施BBP策略是否比不实施BBP策略更有利？正如命题9所述，我们可以通过比较实施BBP策略和不实施BBP策略时企业的利润来找到答案。

命题9 在两家企业均实施BBP策略的情况下：

1）当$\frac{32\sqrt{74}\,t-240t}{71}<\Delta V<\frac{164t-20\sqrt{35}\,t}{39}$或$\frac{4\,102t-260\sqrt{35}\,t}{867}<\Delta V<\frac{11t}{3}$时，BBP策略会增加高质量企业的利润，否则BBP策略会减少高质量企业的利润。

2）BBP策略总是减少低质量企业的利润。

命题9揭示了BBP策略在不同产品质量差异下对企业利润的影响。结果表明，当产品质量差异足够大时，BBP策略在提高高质量企业的利润的同时，会降低低质量企业的利润（如图4-4的E区域所示）。这一观察结果与Pazgal和Soberman（2008）以及Esteves（2010）等的研究结论形成鲜明对比，后者认为BBP策略会加剧竞争，使企业陷入囚徒困境。然而，我们的研究结果表明，较大的产品质量差异会使BBP策略降低第二期的竞争程度，并对高质量企业有利。值得一提的是，虽然现有文献表明企业可能只会被动地实施BBP策略，但BBP策略在许多行业中仍然普遍存在。理论与实践之间的差异是可以被解释的，命题9就可以解释BBP策略在实践中普遍存在的部分原因。

与命题8类似，我们在图4-4中展示了命题9。命题9的解释如下：（1）在区域F_1，当产品质量差异足够小时，A企业和B企业的竞争是相对均衡的。在这种情况下，BBP策略会加剧两家企业间的竞争，从而降

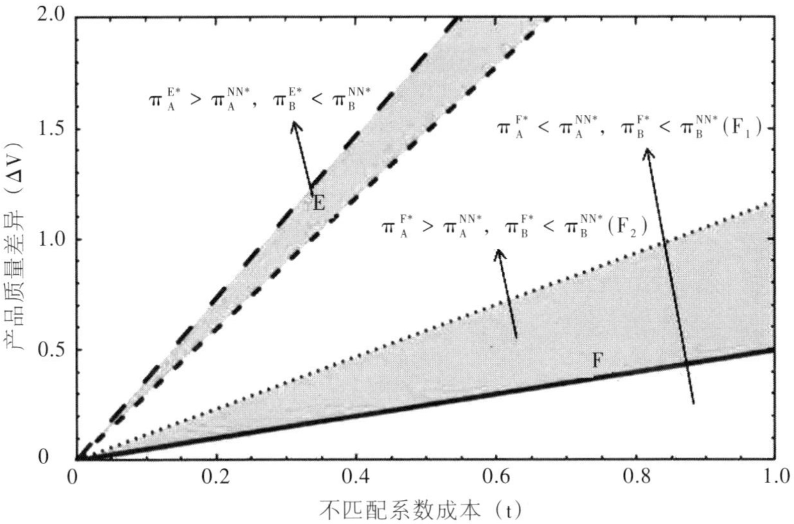

图4-4　实施BBP策略对企业利润的影响

低了两家企业的利润。(2) 在区域 F_2 $\left(\frac{32\sqrt{74}\,t - 240t}{71} < \Delta V < \frac{164t - 20\sqrt{35}\,t}{39}\right)$，与区域 F_1 类似，我们发现BBP策略也会加剧竞争，减少两家企业的第二期利润。然而，我们发现BBP策略在增加A企业总利润的同时，却减少了B企业的总利润。这是由于A企业的第一期价格会随着产品质量差异的扩大而增加。因此，在第一期，当产品质量差异程度较高 $\left(\frac{32\sqrt{74}\,t - 240t}{71} < \Delta V < \frac{164t - 20\sqrt{35}\,t}{39}\right)$ 时，A企业能够在实施BBP策略的情况下比不实施BBP策略时设定更高的价格，从而提高企业利润。同时，当 $\frac{32\sqrt{74}\,t - 240t}{71} < \Delta V < \frac{164t - 20\sqrt{35}\,t}{39}$ 时，A企业因价格上涨而增加的那部分第一期利润超过了因实施BBP策略而减少的那部分第二期利润，所以A企业在区域 F_2 的总利润增加了。B企业在两期实施BBP策略时的价格均低于不实施BBP策略时的价格。结合命题8，我们可以进一步观察到，尽管在由 F_1 和 F_2 组成的区域F内，两家企业都可以通过实施BBP策略来猎取新顾客，但只有高质量企业才能从BBP策略中获益。这一观察结果证明，产品质量差异对企业如

何实施BBP策略起着重要作用。

在区域E（$\frac{4\,102t-260\sqrt{35}\,t}{867}<\Delta V<\frac{11t}{3}$），产品质量差异相对较大，A企业比B企业更具有竞争优势。这一结果背后的逻辑是，当产品质量差异相对较大时（如命题8所示），BBP策略会促使A企业在第一期瞄准一个较小的市场，从而导致第一期的价格竞争较为缓和。因此，与不实施BBP策略相比，A企业能够在第一期设定更高的价格，获得更多的收益。此外，A企业还可以在第二期获得更大的市场份额，这进一步扩大了产品质量差异对其收益能力的影响（$\frac{\partial \Pi_{2A}^{E*}}{\partial \Delta V}>0$）。因此，产品质量越高，A企业在第二期的利润损失就越小，甚至会使利润增加。在上述两个正向效应的作用下，A企业的总利润显然会因BBP策略的实施而增加。相比之下，尽管B企业在第一期拥有较大的市场份额，但由于企业的定价策略过低，其盈利能力受到了负面影响。此外，第二期市场份额的损失也使得B企业的第二期利润减少。总之，BBP策略会降低B企业在区域E的总利润。

采用与引理3类似的方法，消费者剩余和社会福利可总结为引理4。

引理4 消费者剩余和社会福利的均衡结果如下：

1）**对称均衡下**（$0<\Delta V<\frac{164t-20\sqrt{35}\,t}{39}$）**的消费者剩余和社会福利：**$CS^{F*}=-\frac{22t}{9}+V_H+\frac{9\Delta V^2}{512t}+V_L$和$WF^{F*}=-\frac{5t}{9}+V_H+\frac{39\Delta V^2}{512t}+V_L$。

2）**非对称均衡下**（$\frac{4\,102t-260\sqrt{35}\,t}{867}<\Delta V<\frac{11t}{3}$）**的消费者剩余和社会福利：**$CS^{E*}=-\frac{1\,299t}{676}+2V_L+\frac{895\Delta V}{1\,014}+\frac{61\Delta V^2}{2\,704t}$和$WF^{E*}=-\frac{391t}{676}+2V_L+\frac{317\Delta V}{338}+\frac{225\Delta V^2}{2\,704t}$。

接下来，我们将探讨BBP策略如何影响消费者剩余和社会福利。

命题10 当两家企业都实施BBP策略时，BBP策略总是增加消费者剩余，而社会福利只有在 $\frac{16t}{\sqrt{191}} < \Delta V < \frac{164t - 20\sqrt{35}t}{39}$ **或** $\frac{4102t - 260\sqrt{35}t}{867} < \Delta V < \frac{11t}{3}$ **时才受益。**

命题10表明了BBP策略对消费者剩余和社会福利的影响，以及它们在对称均衡和非对称均衡中的变化（如图4-5所示）。BBP策略总是有利于消费者剩余，而是否有利于社会福利则与产品质量差异密切相关。与命题8、命题9类似，我们在图4-5中展示了命题10。在区域F，BBP策略总会使消费者剩余增加。正如命题9所述，BBP策略会在第一期缓和竞争，并在第二期加剧竞争。同时，第二期价格的下降超过了第一期价格的上升，这意味着当两家企业同时实施BBP策略时，消费者在两期享受的总价格下降了。因此，实施BBP策略时的消费者剩余高于不实施BBP策略时的消费者剩余。对社会福利而言，有两个主要影响因素使其只有在特定条件下才能从BBP策略中受益。一方面，在两家企业都能够猎取新顾客的均衡情况下，BBP策略会使消费者的错配成本增加，导致社会福利减少；另一方面，根据命题8，只有存在产品质量差异时，BBP策略才会促使消费者在两期购买更多高质量的产品。由于高质量产品需求的增加导致了消费者享受的效用整体提高，因此BBP策略会对社会福利产生积极的促进作用。值得注意的是，当产品质量差异相对较小（区域F_3）时，BBP策略对社会福利的负面影响超过了其对社会福利的正面影响，这使得BBP策略不利于社会福利。然而，当产品质量差异相对较大（区域F_4）时，后者对社会福利的影响大于前者，即在实施BBP策略时社会福利更好。在区域E，B企业降低第一期价格以扩大市场份额，而A企业则提高第一期价格以服务于较小的市场份额。因此，在第一期，大多数消费者都能享受到B企业的低价策略；而在第二期，B企业通过降低价格以回应A企业的猎取行为。同时，A企业在大多数时期也为新老顾客提供了较低的价格。因此，大多数消费者在两期都能享受到较低的价格，这使得实施BBP策略时的消费者剩余可能高于不实施BBP策略时的消费者剩余。在社会福利方面，按照与区域F相同的逻辑，BBP策略对社会福利的两种影响仍然适用。在区域E，较高的产品质量差异对社会福利的正面影响总是大于消费者错配成本带来的负面影响。因此，与不实施BBP策略相比，实施BBP策略会让社会福利更好。

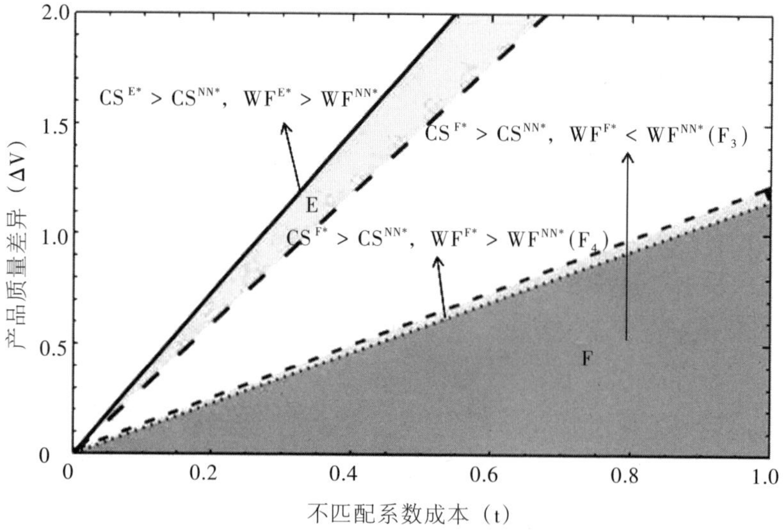

图4-5 BBP策略对消费者剩余和社会福利的影响

命题10的管理启示是，公共政策制定者在决定是否限制企业在体验产品市场上实施BBP策略时，应考虑产品质量差异。具体而言，当产品质量差异相对较小时，BBP策略会导致较低的社会福利，因此应通过政策加以限制。然而，当产品质量差异相对较大时，由于BBP策略对消费者剩余和社会福利都有积极影响，公共政策制定者应放松对BBP策略的监管。

4.3 模型拓展

在本章的主模型中，我们假定消费者是战略型的，在消费者做出第一期购买决策时会理性地考虑第二期的价格。但实际上，消费者也可能是短视型的，他们在做出第一期购买决策时仅是为了使第一期效用最大化（Chung，2020）。为此我们放宽了主模型中的假设，以研究消费者在短视时，BBP策略如何影响企业的定价决策和利润。与命题10类似，这种情况下的纯策略均衡结果见命题11。

命题11 当消费者短视，且两家企业都实施BBP策略时，第二期存在两个纯策略均衡：

1）当 $0 < \Delta V < 2t$ 时，两家企业都能够猎取新顾客。

2）当 $2t < \Delta V < 4t$ 时，仅有高质量企业能够猎取新顾客。

与命题8类似，命题11也表明了当两家企业都实施BBP策略时，对称均衡和非对称均衡都存在，而且这种均衡与产品质量差异密切相关。然而，与命题8相比，两种均衡的临界值范围都变大了（如图4-6所示）。我们把这一现象归因于短视消费者只关注当期效用。由于竞争程度越低，产品质量差异对价格、利润和临界值条件的影响就越小，因此产品质量差异的临界值范围会变得很大。

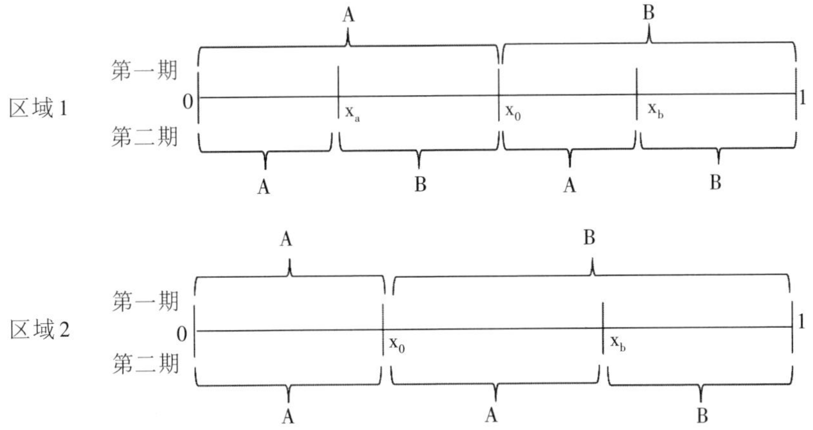

图4-6 消费者短视时，第二期消费者的选择分布图

此外，除了临界值范围有所改变外，BBP策略对企业利润、消费者剩余和社会福利的影响与主模型基本一致。具体来说，就企业利润而言，只有当 $\frac{16t}{5} < \Delta V < 4t$ 时，实施BBP策略才会增加A企业的利润，却总是减少B企业的利润；就消费者剩余和社会福利而言，实施BBP策略总是会增加消费者剩余，而只有当 $\frac{2t\sqrt{10}}{5} < \Delta V < 2t$ 或 $2t < \Delta V < 4t$

时，实施BBP策略才会增加社会福利。这一观察结果证实了主要模型中的大多数结果都是稳健的。

4.4 本章小结

本章研究了在存在产品质量差异的体验产品市场中，BBP策略对消费者转移购买、企业利润、消费者剩余和社会福利的影响。与以往有关BBP策略的文献不同，我们首次通过体验产品市场来探讨同时存在产品的横向差异化和纵向差异化下的BBP策略问题。我们的研究为更好地理解如何在体验产品市场中实践BBP策略以及如何规范BBP策略提供了一些管理启示。具体结论如下：

第一，在产品质量差异化的体验产品市场上，BBP策略对消费者转移购买的影响不同于其他市场。特别是，当产品质量差异相对较小时，两家企业都能通过BBP策略猎取新顾客，而当产品质量差异相对较大时，只有高质量企业才能够猎取新顾客。这与以往文献认为的只有一种纯策略均衡，即两家企业都能够猎取新顾客有所不同。这一结论表明，BBP策略可以成为高质量企业的一种有效定价策略，以扩大企业在体验产品市场上的份额。

第二，BBP策略对企业利润的影响取决于产品质量差异的大小。这一发现为人们普遍认为BBP策略加剧竞争、降低企业利润，进而使企业陷入囚徒困境的观点提供了新的观点。特别是，我们的研究分析表明，当产品质量差异相对较大时，BBP策略可能会减少竞争并打破囚徒困境。这一观察结果可以用来解释BBP策略在体验产品市场上盛行的原因。

第三，无论消费者是策略型的还是短视型的，BBP策略都会提高消费者剩余，社会福利会因产品质量差异的改变而提高或降低。具体来说，只有当产品质量差异相对较大时，社会福利才会因BBP策略而变得更好。这一结果的含义是，公共政策制定者在体验产品市场上决定是否限制企业实施BBP策略时，应考虑到企业间的质量差异。这一结果为政府在体验产品市场上应在哪些条件下限制企业实施BBP策略提供了思路。

5　基于行为的定价与差异化的购后体验

在本章，我们将考虑在竞争性企业的产品购后体验存在差异时，企业BBP策略的战略选择问题。

5.1　模型与假设

我们考虑一个双头垄断市场，在这个市场上有两家企业，分别用A和B表示。我们假设消费者对产品的基础感知价值v足够大，以保证市场在每个时期都被完全覆盖。产品的生产边际成本是常数且简化为零（Jing，2016；Choe等，2018）。

单位数量的消费者在霍特林线上均匀分布。A企业位于霍特林线0处，B企业位于霍特林线1处。在购买企业产品时，消费者与企业间的距离反映了错配程度，假设t为错配系数。购买产品后，消费者会对购后体验进行评估（Spiteri-Cornish，2020），一些消费者感到满意，另一些消费者感到不满意。消费者因差异化的购后体验而产生的满意度差异会影响其后续购买行为。我们假设A企业和B企业的第一期消费者中有

r_1/r_2比例的消费者对产品A/B感到满意，其中A企业提供的购后体验较好，B企业提供的购后体验较差（$0 \leqslant r_2 < r_1 \leqslant 1$）。在第二期，满意的消费者从之前的企业购买产品时，其对产品的感知价值会由v增加到$v + \Delta v$。不满意的消费者从之前的企业购买产品时，其对产品的感知价值会由v下降到$v - \Delta v$。位于θ位置的A企业的满意消费者以价格p_{a2}再次购买产品A的效用为$v + \Delta v - t\theta - p_{a2}$，该消费者以价格$p_{b2}$购买产品B的效用为$v - t(1 - \theta) - p_{b2}$。位于θ位置的A企业的不满意消费者以价格$p_{a2}$再次购买产品A的效用为$v - \Delta v - t\theta - p_{a2}$，该消费者以价格$p_{b2}$购买产品B的效用为$v - t(1 - \theta) - p_{b2}$。我们假设在第一期购买产品后感到满意的顾客是忠诚顾客，他在第二期肯定会继续从之前的企业购买产品（Villas-Boas，2004b；Chen和Zhang，2009；Jing，2016；张凯等，2017；Zhou等，2020）。在5.3节中，我们将讨论满意消费者不一定是忠诚顾客的情况。同时，假设A企业和B企业为购后体验投入的成本分别为c_1和c_2，且更好的购后体验需要更高的成本（$0 \leqslant c_2 < c_1$）。因此，我们用$\Delta r = r_1 - r_2$表示购后体验的差异，用$\Delta c = c_1 - c_2$表示成本的差异。为简单起见，我们将B企业的成本和满意顾客比率简化为零（$r_2 = 0$，$c_2 = 0$），并将t标准化为1，这不会改变主模型的分析结果。最后，我们重点讨论企业和消费者的折扣系数均为1的情况，这是为了便于说明和解释。

博弈顺序如下：在第一期，两家企业同时设定第一期价格，分别用p_{a1}和p_{b1}表示，然后消费者在观察企业的第一期价格后决定购买哪种产品。当不实施BBP策略时，在第二期两家企业设定统一价格p_{a2}和p_{b2}；当实施BBP策略时，在第二期两家企业根据顾客的历史购买数据设定老顾客价格（用p_{a2o}和p_{b2o}表示）和新顾客价格（用p_{a2n}和p_{b2n}表示）。消费者在观察产品和价格后决定是从之前的企业购买产品还是转移购买。

5.2 模型分析

5.2.1 基准模型：UP

作为基准模型，我们首先考虑两家企业都不实施BBP策略的情况。此时，企业在每个时期都对顾客设定统一的价格，感到不满意的顾客在第二期可能会转移。因此，我们通过逆向求解得出纯策略均衡解。

在第二期，首先，我们假设θ_1（θ_2）代表第一期从A企业（B企业）购买产品的消费者，他对第二期从A企业（B企业）购买产品和从B企业（A企业）购买产品之间是无差异的。该消费者由$v-\Delta v-\theta_1-p_{a2}=v-(1-\theta_1)-p_{b2}$（$v-\Delta v-(1-\theta_2)-p_{b2}=v-\theta_2-p_{a2}$）决定。前（后）一个等式的左边是不满意消费者以第二期价格p_{a2}（p_{b2}）再次从A企业（B企业）购买产品的效用，右边是不满意消费者以第二期价格p_{b2}（p_{a2}）从B企业（A企业）购买产品的效用。因此，我们得到$\theta_1=\dfrac{-p_{a2}+p_{b2}+1-\Delta v}{2}$和$\theta_2=\dfrac{-p_{a2}+p_{b2}+1+\Delta v}{2}$。

两家企业的第二期利润函数为：

$$\Pi_{a2}=p_{a2}\left[\Delta r\theta_0+(1-\Delta r)\theta_1+(\theta_2-\theta_0)\right]$$

$$\Pi_{b2}=p_{b2}\left[(1-\Delta r)(\theta_0-\theta_1)+(1-\theta_2)\right]$$

第二期利润函数对价格求一阶导数，我们得出第二期价格（用θ_0表示）为P^*_{a2}和P^*_{b2}。

在第一期，战略型消费者的第一期购买决策是为了使两期的总效用最大化。我们假设θ_0是无差别消费者的位置，他在第一期购买产品A，在第二期以预期的统一价格$p^e{}_{b2}$购买产品B，或者在第一期购买产品B，在第二期以预期的统一价格$p^e{}_{a2}$购买产品A是无差异的。该消费者的位置是由$v-\theta_0-p_{a1}+\Delta r(v+\Delta v-\theta_0-p^e{}_{a2})+(1-\Delta r)\left[v-(1-\theta_0)-p^e{}_{b2}\right]=v-(1-\theta_0)-p_{b1}+v-\theta_0-p^e{}_{a2}$决定的。战略型消费者意识到第二期价格受第一期购买决策的影响，并能对未来价格形成理性预期（即$p^e{}_{a2}=$

$P^*_{a2}(\theta_0)$，$p^e{}_{b2}=P^*_{b2}(\theta_0)$)。因此，我们可以得到：

$$\theta_0=\frac{2+3p_{a1}(-2+\Delta r)-3p_{b1}(-2+\Delta r)+2\Delta r-\Delta r^2+8r\Delta v-5\Delta r^2\Delta v}{4+4\Delta r-2\Delta r^2}$$

因此，两家企业的总利润函数为：

$$\Pi_a=p_{a1}\theta_0+\Pi_{a2}-\Delta c$$

$$\Pi_b=p_{b1}(1-\theta_0)+\Pi_{b2}$$

5.2.2 两家企业均实施BBP策略

当两家企业均实施BBP策略时，每家企业在第二期为各自的新老顾客设定不同的价格。我们同样逆向求解这两个时期。首先，在第二期，我们用θ_1表示在A企业老顾客的无差别不满意消费者的位置，老顾客在第二期对从A企业购买产品和从B企业购买产品是无差异的。因此，可以得到：

$$v-\Delta v-\theta_1-p_{a2o}=v-(1-\theta_1)-p_{b2n}$$

$$\theta_1=\frac{-p_{a2o}+p_{b2n}+1-\Delta v}{2}$$

公式的左侧是消费者以老顾客价格p_{a2o}从A企业购买产品的效用，公式的右侧是消费者以新顾客价格p_{b2n}从B企业购买产品的效用。同理，我们用θ_2表示在B企业老顾客的无差别不满意消费者的位置，老顾客在第二期对从B企业购买产品和从A企业购买产品是无差异的。因此，可以得到：

$$v-\theta_2-p_{a2n}=v-\Delta v-(1-\theta_2)-p_{b2o}$$

$$\theta_2=\frac{-p_{a2n}+p_{b2o}+1+\Delta v}{2}$$

公式的左侧是消费者以新顾客价格p_{a2n}从A企业购买产品的效用，公式的右侧是消费者以老顾客价格p_{b2o}从B企业购买产品的效用。

第二期不满意消费者的购买决策如图5-1所示，其中A企业和B企业的不满意消费者密度并不相同。A企业的不满意消费者密度为$1-\Delta r$，B企业的不满意消费者密度为1。

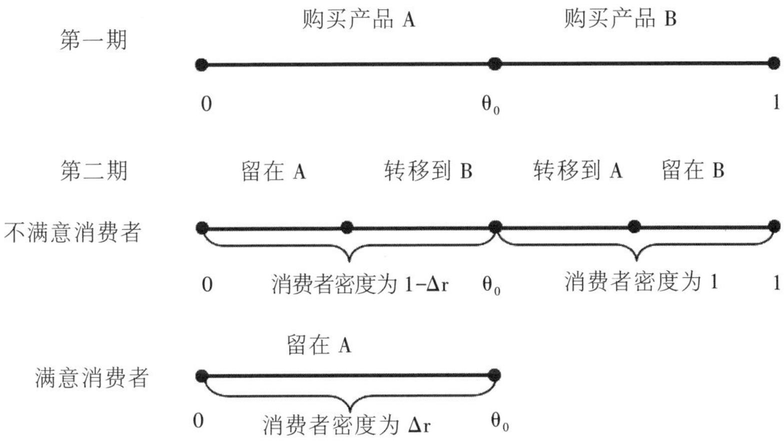

图 5-1 消费者的均衡选择情况

两家企业的第二期利润函数为:

$$\Pi_{a2} = p_{a2o}{}^{*}\left[\Delta r^{*}\theta_0 + (1 - \Delta r)^{*}\theta_1\right] + p_{a2n}{}^{*}(\theta_2 - \theta_0)$$

$$\Pi_{b2} = p_{b2o}{}^{*}(1 - \theta_2) + p_{b2n}{}^{*}(1 - \Delta r)^{*}(\theta_0 - \theta_1)$$

对于设定的第一期价格，A 企业选择第二期价格 p_{a2o} 和 p_{a2n} 以最大化总利润 Π_{a2}，B 企业选择第二期价格 p_{b2o} 和 p_{b2n} 以最大化总利润 Π_{b2}。总利润函数对第二期价格求导得出第二期均衡价格为:

$$p_{a2o} = \frac{1 + (-1 + \Delta r)\Delta v + 2\theta_0 + \Delta r(-1 + 2\theta_0)}{3 - 3\Delta r}$$

$$p_{a2n} = \frac{1}{3}\left[\Delta v + (3 - 4\theta_0)\right]$$

$$p_{b2o} = 1 - \frac{\Delta v}{3} - \frac{2\theta_0}{3}$$

$$p_{b2n} = \frac{1 + (-1 + \Delta r)\Delta v - 4\theta_0 + \Delta r(-1 + 2\theta_0)}{3(-1 + \Delta r)}$$

在第一期，我们用 θ_0 表示无差别消费者的位置，该消费者对于在第一期购买产品 A 和在第二期购买产品 B，或在第一期购买产品 B 和在第二期购买产品 A 是无差异的。战略型消费者在第一期购买产品的目的是使其在两期的总效用最大化。因此，可以得到:

$$v - \theta_0 - p_{a1} + \Delta r(v + \Delta v - \theta_0 - p^{e}{}_{a2o}) + (1 - \Delta r)\left[v - (1 - \theta_0) - p^{e}{}_{b2n}\right]$$

$$= v - (1 - \theta_0) - p_{b1} + v - \theta_0 - p^{e}{}_{a2n}$$

公式中的p^e_{a2o}和p^e_{a2n}分别表示消费者对A企业的老顾客价格和新顾客价格的预期。公式中的p^e_{b2n}表示消费者对B企业新顾客价格的预期。我们假设消费者是战略型的，那么预期价格就是第二期的均衡价格。我们将第二期均衡价格代入上面的公式，得到：

$$\theta_0 = \frac{(-1+\Delta r)(-3p_{a1}+3p_{b1}+4+\Delta r+5\Delta r\Delta v)}{2(-4+\Delta r+\Delta r^2)}$$

因此，两家企业的总利润函数为：

$$\Pi_a = p_{a1}\theta_0 + \Pi_{a2} - \Delta c$$

$$\Pi_b = p_{b1}(1-\theta_0) + \Pi_{b2}$$

用总利润函数对第一期价格求一阶导数，我们可以得到第一期的均衡价格为：

$$p_{a1}{}^* = \frac{\Delta r^3(36-8\Delta v)+32(2+\Delta v)-4\Delta r(9+\Delta v)+\Delta r^4(13+27\Delta v)-\Delta r^2(85+47\Delta v)}{3(-1+\Delta r)(-16-5\Delta r+13\Delta r^2)}$$

$$p_{b1}{}^* = \frac{\Delta r(12-40\Delta v)+\Delta r^4(13-27\Delta v)+32(2+\Delta v)-\Delta r^2(79+47\Delta v)+\Delta r^3(6+82\Delta v)}{3(-1+\Delta r)(-16-5\Delta r+13\Delta r^2)}$$

5.3 均衡分析

考虑到购后体验的差异性，两家企业是否同时实施BBP策略会对定价产生不同的影响，从而影响企业利润、消费者剩余和社会福利。因此，在本节中，我们首先比较两家企业都实施BBP策略时，在第二期新老顾客的价格，然后比较两家企业的总利润，最后我们比较不实施BBP策略和实施BBP策略时两家企业的均衡解，分析BBP策略如何影响两家企业的利润、消费者剩余和社会福利。通过比较各主要模型的均衡结果，我们得到了以下结论：

命题12 当两家企业都实施BBP策略时，在第二期存在三种不同优惠定价的均衡。

1）**当满意度差异和感知价值差异都很小**（$0<\Delta r<0.391$，$0<\Delta v<V_1(\Delta r)$）**时，两家企业会优惠新顾客。**

2）**当满意度差异较小**（$0<\Delta r<\frac{1}{3}$）**，且感知价值差异较大**

$(V_2(\Delta r) < \Delta v < V_3(\Delta r))$ 时，两家企业会优惠老顾客。

3）否则，A企业优惠新顾客，B企业优惠老顾客。

命题12表明企业在第二阶段的定价决策取决于满意度和感知价值的差异。当满意度差异和感知价值差异较小时，企业间的竞争几乎是对称的。在这种情况下，两家企业都专注于猎取竞争对手的消费者，因此它们会向新顾客（SS）收取较低的价格，这与之前的研究结论类似（Fudenberg和Tirole，2000；Jing，2016；Li和Jain，2016）。

当满意度差异较小时，这表明A企业的大部分消费者都不满意，因此A企业会像B企业一样重视不满意的消费者。然而，在这种情况下，感知价值差异会变小，不满意消费者的再次购买效用会降低。为了留住消费者，两家企业都需要降低老顾客的价格。同时，不满意消费者具有主动转移的倾向，这意味着企业没有必要优惠新顾客。总之，两家企业都会在满意度差异较小，且感知价值差异较大时优惠老顾客（RR）。尽管一些文献发现了企业优惠老顾客的因素，如消费者事前估值的不确定性（Jing，2016），但我们的分析揭示了一个新的因素，即满意消费者和不满意消费者之间的感知价值差异。这一发现表明，当消费者的感知价值存在显著差异时，企业应更注意维护自己的市场份额。

随着满意度差异的扩大，A企业的满意消费者增多，不满意消费者减少，因此A企业更加重视猎取新顾客。因此，在这种情况下，A企业会优惠新顾客。而对B企业来说，它猎取新顾客的可能性较小。因此，如何维持市场份额对B企业来说更为重要。综上所述，两家企业的BBP策略会出现差异。正如前文所述，现有文献发现了不同的价格优惠策略（如SS、RR），但竞争性企业的定价行为是对称的。我们发现了一种非对称的优惠定价均衡，即A企业优惠新顾客，而B企业向老顾客收取较低的价格。

接下来，我们比较了企业实施BBP策略时的利润，并在命题13中进行了总结。

命题13 在两家企业均实施BBP策略的情况下，当成本差异较大 $C_2(\Delta r, \Delta v) < \Delta c < C_1(\Delta r, \Delta v)$ 或感知价值差异极小 $(\Delta v < V_4(\Delta r))$

时，A企业的利润低于B企业。

如命题12所示，从直觉上来讲，强势企业可以获得比弱势企业更高的利润，原因是强势企业可以利用购后体验优势守住市场份额，并且能够猎取竞争对手的顾客。然而，与其相反的是，命题13表明当成本差异较大或感知价值差异极小时，强势企业的利润低于弱势企业。显然，当企业间的成本差异超过$C_2(\Delta r, \Delta v)$时，A企业的总利润低于B企业。这一结论表明，企业应该控制消费者购后体验的投入，以避免无效投资。

当感知价值差异足够小（$\Delta v < V_4(\Delta r)$）时，无论成本差异如何，A企业的利润都低于B企业。即使成本差异为零，也存在$\pi_a^{DD*} < \pi_b^{DD*}$的区域。在这种情况下，拥有部分满意消费者的A企业可以向老顾客收取比B企业更高的价格（$p_{a2o}^{DD*} > p_{b2o}^{DD*}$）。因此，A企业更有动力通过降低第一期价格（$p_{a1}^{DD*} < p_{b1}^{DD*}$）来扩大第一期的市场份额（$\frac{\partial \pi_{a2}^{DD*}}{\partial \theta_0} > \frac{\partial \pi_{b2}^{DD*}}{\partial (1-\theta_0)}$）。如果感知价值差异足够小（$\Delta v < V_4(\Delta r)$），则A企业第二期利润的增加无法抵消第一期的损失，从而导致$\pi_a^{DD*} < \pi_b^{DD*}$。

命题13为企业管理者提供了关于感知价值差异的直接启示。当感知价值差异足够小时，BBP策略可能会使弱势企业盈利更多。因此，购后体验更好的企业应该重视提高消费者的满意度。这与我们在酒店和餐饮等行业观察到的情况一致，这些行业的领导者都会为消费者提供最优质的服务。

前面的分析表明购后体验如何影响企业在实施BBP策略时的利润。现在通过比较实施BBP策略和不实施BBP策略时的均衡价格和利润，我们得出以下结论：

引理5

1）**当**$0 < \Delta r \leqslant 0.184$，**且**$0 < \Delta v < V_5(\Delta r)$，**或**$0.184 < \Delta r < 0.648$，**且**$0 < \Delta v < V_6(\Delta r)$**时，则**$P_{a2o}^{DD*} > P_{a2}^{UU*}$。

2）**当**$0 < \Delta r < 0.194$，**且**$V_7(\Delta r) < \Delta v < V_6(\Delta r)$**时，则**$P_{a2n}^{DD*} > P_{a2}^{UU*}$。

3）**当**$0 < \Delta r < 0.417$，**且**$0 < \Delta v < V_8(\Delta r)$**时，则**$P_{b2o}^{DD*} > P_{b2}^{UU*}$。

4）当 $0 < \Delta r < 0.648$，且 $\max\left\{0, V_9\left(\Delta r\right)\right\} < \Delta v < V_6\left(\Delta r\right)$时，则 $P_{b2n}^{DD*} > P_{b2}^{UU*}$。

根据引理5，我们发现实施BBP策略时，企业至少会有一种价格（老顾客价格或新顾客价格）高于统一价格，如图5-2所示。

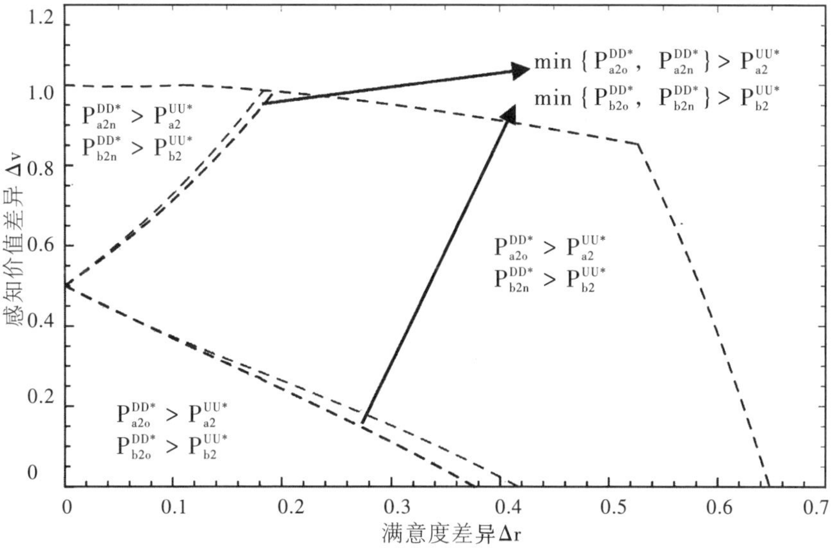

图5-2　BBP策略对价格的影响

命题14 当实施BBP策略时，两家企业的利润都比不实施BBP策略时高。

现有研究发现，BBP策略通常会加剧第二期的竞争并损害企业的总利润（Villas-Boas，1999；Fudenberg和Tirole，2000；Pazgal和Soberman，2008；Zhang，2011）。命题14表明当两家企业的消费者购后体验不同时，两家企业均可从BBP策略中获益。

我们将分别从两期的均衡情况来阐述这一结论。在第一期，当企业提高价格时，战略型消费者对价格提高的敏感度较低，即 $\left|\frac{\partial\theta_0^*}{\partial P_{a1}^{DD}}\right| < \left|\frac{\partial\theta_0^*}{\partial P_{a1}^{UU}}\right|$，$\left|\frac{\partial\left(1-\theta_0^*\right)}{\partial P_{b1}^{DD}}\right| < \left|\frac{\partial\left(1-\theta_0^*\right)}{\partial P_{b1}^{UU}}\right|$。消费者的转移倾向会降低两家企业扩大第一期市场份额的意愿，进而弱化竞争。因此，BBP策略增加了两家企业第一期的利润。在第二期，如引理5所述，A企业要么向新顾客

收取比统一价格更高的价格，要么向老顾客收取比统一价格更高的价格。一方面，满意消费者会降低A企业老顾客的价格敏感度，从而提高A企业的老顾客价格；另一方面，感知价值差异会提高消费者的转移意愿，A企业没有必要降低新顾客的价格。因此，A企业至少可以向一部分消费者收取比统一价格更高的价格。A企业在一个细分市场的利润要大于在另一个市场上的损失，最终BBP策略增加了A企业的第二期利润。同样，B企业也可以通过BBP策略向某一细分市场收取高价，这意味着BBP策略在大多数情况下有利于B企业。在满意度差异和感知价值差异较小时，实施BBP策略会降低B企业的第二期利润。具体来说，高于统一价格的价格无法抵消较低价格造成的损失，第一期利润的增加弥补了第二期利润的减少，B企业的总利润也随之增加。综上所述，当实施BBP策略时，两家企业的利润都会增加。

命题14表明当市场上存在满意消费者，且消费者的感知价值不同时，对企业来说实施BBP策略是有利可图的。我们的分析可以解释BBP策略越来越盛行的现象，这与现有的主流文献的结论不同。接下来，我们将研究当消费者购后体验不同时，BBP策略如何影响消费者剩余和社会福利。

命题15 当两家企业都实施BBP策略时，BBP策略降低了消费者剩余。如果满意度差异和感知价值差异都很高（$0.184 \leqslant \Delta r \leqslant 0.560$，且 $V_{10}(\Delta r) < \Delta v < \min\{V_6(\Delta r), V_{11}(\Delta r)\}$）时，BBP策略提高了社会福利。

命题15是从社会福利的角度提供更多见解。就消费者剩余而言，该结论表明BBP策略总是损害消费者剩余。在对称模型环境下（Fundenberg和Tirole，2000），BBP策略加剧了企业间在第二期的竞争，降低了第二期价格，进而提高了消费者剩余。然而，当消费者购后体验不同时，BBP策略对消费者的影响会更大。我们将这一结论出现的原因归于价格的上升。根据命题14的分析，两家企业的第一期价格总是上涨的，第二期的整体价格也会是上涨的。因此，消费者需要支付更多的钱来购买产品，这将损害消费者剩余。

命题15表明BBP策略可以增加社会福利，这与现有的研究结论（Fundenberg和Tirole，2000；Jing，2016；Li，2018；Chung，2020）有所不同。例如，Jing（2016）指出，BBP策略会加大企业产品间的质量差距，进而降低社会福利。然而，我们发现当满意度差异和感知价值差异都很大时，BBP策略会增加社会福利。原因有两个方面：首先，与之前研究的模型不同，在本节的模型中，消费者转移不会导致错配。这是因为当不满意消费者转移时，他们获得的产品价值比从之前企业购买产品获得的价值更多。不满意消费者的主动转移效应会增加社会福利。其次，满意消费者能从复购中获得更多的产品价值，因为他们对产品A感到满意。当满意度差异和感知价值差异都很高时，BBP策略会在很大程度上扩大A企业的第一期市场份额，从而增加满意消费者的数量。因此，满意消费者也能提高社会福利。总之，这两种效应都会增加社会福利。

命题15还表明公共政策制定者在设计BBP策略的限制性规定时，应考虑消费者的满意度差异和感知价值差异。特别是，当满意度差异和感知价值差异较小时，BBP策略会降低社会福利，因此在这种情况下公共政策制定者禁止BBP策略是明智之举。然而，当市场中的强势企业想拥有更多的满意消费者，而不满意消费者又迫切地想转移购买时，公共政策制定者则应该放松对BBP策略的限制。

5.4 拓展模型

购后体验和BBP策略都会导致顾客在第二期发生转移购买。然而，在现实中，企业通常会采取一些手段（如挽留策略）来阻止顾客转移购买。在本节中，我们沿用Esteves（2014）对企业挽留策略的设定，即企业对在第二期有转移购买倾向的老顾客提供价格折扣作为一种挽留策略。

当企业使用挽留策略时，博弈顺序如下：在第一期，两家企业同时公布产品的统一价格，消费者在观察价格后决定购买哪种产品。而在第二期则分为三个阶段：在第一阶段，企业同时公布各自对新老顾客的价格，消费者在观察价格后表现出转移购买或继续购买的倾向，此时企业完全了解消费者的购买意愿；在第二阶段，企业为有转移购买倾向的老顾客提供价格折扣；在第三阶段，消费者在观察价格后决定是转移购买，还是继续购买。

首先，根据逆向求解均衡，在第二期的第二阶段，我们假设A企业和B企业给老顾客的价格折扣分别为d_a和d_b，且A企业的老顾客中想要转移购买的无差别消费者位置为θ_3，可以得到：

$$v-\Delta v-\theta_3-(p_{a2o}-d_a)=v-(1-\theta_3)-p_{b2n}$$

由此得到：

$$\theta_3=\frac{1}{2}(1+d_a-p_{a2o}+p_{b2n}-\Delta v)$$

同理，假设θ_4表示B企业老顾客中想要转移购买的无差别消费者位置，进而可以得到：

$$\theta_4=\frac{1}{2}(1-d_b-p_{a2n}+p_{b2o}+\Delta v)$$

综上所述，可以得出两家企业在第二期从老顾客赚取的利润函数为：

$$\Pi_{a2s}=(p_{a2o}-d_a)(1-\Delta r)(\theta_3-\theta_1)$$

$$\Pi_{b2s}=(p_{b2o}-d_b)(\theta_2-\theta_4)$$

第一期的求解过程与主模型是一致的，在此不再赘述。

命题16 当实施BBP策略时，企业的挽留策略对利润、消费者剩余和社会福利的影响：

1）挽留策略会减少企业利润，增加消费者剩余。

2）当$0<\Delta r\leqslant 0.394$，且$0<\Delta v<\min\{V_{12}(\Delta r),V_{13}(\Delta r)\}$时，挽留策略会增加社会福利；当$0<\Delta r\leqslant 0.325$，且$V_{12}(\Delta r)<\Delta v<V_{13}(\Delta r)$时，挽留策略会减少社会福利。

命题16表明当实施BBP策略时，企业的挽留策略会损害利润，但有利于消费者剩余，这与Esteves（2014）的观点一致。这是因为，当企业向具有转移购买倾向的消费者提供价格折扣时，企业会以牺牲自身利润为代价来增加消费者剩余。具体来说，挽留策略确实有助于企业在

第二期通过向部分老顾客提供价格折扣来维持市场份额。但是，为老顾客提供低价会加剧竞争，从而导致两家企业利润下降。对消费者来说，具有转移购买倾向的老顾客在第二期可以享受更低的价格，这反过来给消费者带来更高的剩余。

这一结论还表明，当感知价值差异较大时，挽留策略会降低社会福利，如图5-3所示。这一结论与现有文献的结论（Esteves，2014）不同。根据命题15，不满意消费者的主动转移效应表明消费者在第二期进行转移购买有利于社会福利。随着感知价值差异的增大，这种效应对社会福利的影响更大。然而，挽留策略降低了不满意消费者的转移购买倾向，大多数不满意消费者仍会购买令他们不满意的产品。因此，挽留策略会降低社会福利。当感知价值差异较小时，那些低效购买的消费者数量就会增加。由于企业的挽留策略是为了减少消费者的转移购买，因此错配现象会减少，进而提高了社会福利。

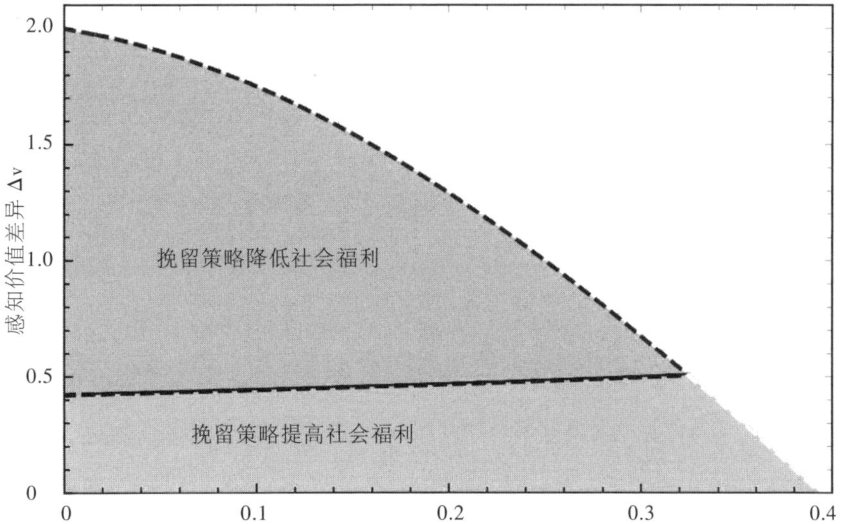

图5-3 挽留策略对社会福利的影响

5.5 本章小结

本章通过考虑差异化购后体验和BBP策略的交互效应，对BBP策略文献进行了扩展。我们建立了两个主要模型，即“两家企业都实施BBP策略”和“两家企业都不实施BBP策略”。为了增强实用性，我们扩展了基准模型，即挽留策略。其主要结论总结如下：

第一，在购后体验存在差异的情况下，企业是否应该实施BBP策略以及应该如何实施BBP策略。我们的分析表明，BBP策略提高了企业利润，这是因为BBP策略提高了企业两期的整体价格，所以企业的最优选择是实施BBP策略。我们的分析进一步表明，企业的第二期定价取决于满意度差异和感知价值差异。具体而言，当满意度差异较大时，高质量企业向新顾客提供低价，低质量企业则向老顾客提供低价；相反，当满意度差异较低，且感知价值差异较大时，则两家企业均向老顾客提供低价。

第二，BBP策略对企业的利润有何影响，购后体验更好的企业是否一定会获得更多的利润。我们的分析表明，当实施BBP策略时，企业间的利润大小并不存在恒定关系。当感知价值差异极小时，高质量企业的总利润可能会低于低质量企业。此外，当高质量企业的成本超过购后体验给其带来的优势时，它的利润就会低于低质量企业。

第三，当企业提供差异化购后体验时，BBP策略对消费者剩余和社会福利有何影响。首先，我们发现消费者会因高价而损失更多。此外，BBP策略对社会福利的影响还取决于满意度差异和感知价值差异两个因素。当满意度差异和感知价值差异较大时，BBP策略会提高社会福利，反之亦反。

我们还通过考虑挽留策略来扩展主模型。当企业使用挽留策略时，我们发现挽留策略虽减少了企业第二期具有转移购买倾向顾客的数量，但损失了企业利润。挽留策略使一些顾客享受到更低的价格，从而增加了消费者剩余。

6 研究结论与展望

本章将对非对称情境下的企业BBP策略研究做出总结，首先讨论研究的主要结论，然后归纳研究的主要管理启示，最后对未来可能的研究方向进行探讨。

6.1 研究结论

第3章探讨了企业数字化能力存在差异的非对称情境下，企业BBP策略对定价、利润和均衡策略的影响，并与不实施BBP策略的情况进行了对比分析。我们发现：第一，企业的第二期均衡策略受企业数字化能力的差异程度以及第一期市场份额的共同影响，存在双方均能够猎取对方的顾客，以及只有单方能够猎取对方顾客的均衡状况。在单方猎取的均衡状态下，存在企业第二期利润高于不实施BBP策略时的利润，以及企业向老顾客提供优惠价格的情况。第二，在考虑两期时，存在两种可能的纯策略均衡。当企业间数字化能力的差异程度不大时，均衡状态为双方均能够猎取对方的老顾客；当企业间数字化能力的差异程度较大时，存在数字化能力较强的企业单方猎取的均衡状态。第三，与以往研究发现不同，我们发现在数字化能力差异较大的情况下，企业的第二期价格反而会高于第一期价格，并且数字化能力较强的企业能够通过实施BBP策略获益。

第4章研究了在存在产品质量差异的体验产品市场中，BBP策略对消费者转移购买、企业利润、消费者剩余和社会福利的影响。与以往有关BBP策略的文献不同，我们首次在体验产品市场中，考虑了企业可以同时存在横向差异化和纵向差异化的情况，探讨了BBP策略的影响问题。研究表明：第一，在体验产品市场上，BBP策略对消费者转移购买的影响不同于普通产品市场。特别是，当产品质量差异相对较小时，两家企业都能通过BBP策略猎取新顾客，而当产品质量差异相对较大时，只有高质量企业才能猎取新顾客。与以往文献不同的是，在普通产品市场中只有一种纯策略均衡，即两家企业都能够猎取新顾客。这一结论表明，BBP策略可以为高质量企业提供一种有效的定价策略，以扩大其在体验产品市场中的份额。第二，BBP策略对企业利润的影响取决于产品质量差异的大小。这一发现为人们普遍认为的BBP策略加剧竞争、降低企业利润，进而使企业陷入囚徒困境的观点提供了不同的视角。特别是，研究结果表明，当产品质量差异相对较大时，BBP策略可能会减少竞争并打破囚徒困境。这一观察结果可以用来解释BBP策略在体验产品市场上盛行的原因。第三，无论消费者是战略型的还是短视型的，BBP策略都会提高消费者剩余，而对社会福利的影响则不确定，这取决于产品质量差异的大小。具体来说，只有当产品质量差异相对较大时，社会福利才会因BBP策略的实施而变得更好。

第5章则通过考虑差异化购后体验和BBP策略的交互效应，对BBP策略相关文献进行了扩展。我们建立了两个主要模型，即“两家企业都实施BBP策略”和“两家企业都不实施BBP策略”。研究结论表明：第一，BBP策略能够提高企业利润，这是因为BBP策略提高了企业在两期的整体价格，所以企业的最优选择是实施BBP策略。我们的分析进一步表明，企业的第二期定价取决于满意度差异和感知价值差异。具体而言，当满意度差异较大时，高质量企业向新顾客提供低价，低质量企业则向给老顾客提供低价；相反，当满意度差异较低，且感知价值差异较大时，两家企业均会向老顾客提供低价，反之亦反。第二，当实施BBP策略时，企业间的利润大小并不存在恒定关系。当感知价值差异极小时，高质量企业的总利润可能会低于低质量企业。此外，当高质量企业的成本超过购后体验给其带来的优势时，它的利润就会低于低质量企业。第三，消费者剩余会因BBP策略带来的高价而损失更多。此外，BBP策略对社会福利的影响还取决于满意度差异和感知价值差异两个因素。当满意度差异和感知价值差异较大时，BBP策略会提高社会福利，反之亦反。

6.2 管理启示

本书的研究结果提供了以下管理启示：

（1）对已经开始销售的产品而言，企业在实施BBP策略时应注意已有的市场份额与数字化能力两个因素的共同影响。市场份额较小，且数字化能力较强的企业有可能通过实施BBP策略改变市场格局。另外，BBP策略的价格优惠并不一定总是倾向于新顾客的。对新产品而言，当准备实施BBP策略时，企业应更加重视自身的数字化能力建设。只有企业的数字化能力较强时，实施BBP策略才是有利可图的。

（2）在体验产品市场上，市场份额大的企业（即占主导地位的企业）实施BBP策略很可能是无效的，因为它们无法通过降低价格来猎取新顾客；相反，对市场份额较小的企业而言，BBP策略可能是扩大市场份额的有效定价策略。因此，初始市场份额较小的企业可以通过加大对数字化能力的投入来提高定价能力，最终提升企业利润。这一观察结果可以用来解释为什么拼多多作为一个初始市场份额较小的电子商务平台，在实践中能够通过向新顾客提供低价，从淘宝猎取部分顾客。另外，公共政策制定者在体验产品市场上决定是否限制企业BBP策略时，应考虑企业间的产品质量差异。这一观察结果也为政府在体验产品市场上应在哪些条件下限制企业实施BBP策略提供了思路。

（3）在考虑了差异化购后体验的情况下，就高购后体验的企业而言，无论竞争对手是否实施BBP策略，企业都应实施BBP策略。此外，企业在提升购后体验时不能忽视成本，因为过高的成本会导致企业利润低于竞争对手。就低购后体验的企业而言，企业实施BBP策略是最优选择。从政府的角度来看，公共政策制定者不应在购后体验存在差异的行业中限制BBP策略的使用，尤其是当消费者对购后体验很敏感时。

6.3 研究局限和未来展望

首先，在第3章，本书将企业数字化能力看作是一个外生变量，而数字化能力的内生可以是进一步探讨的方向。第3章主要考虑了企业数字化能力差异带来的BBP策略成本不同，然而数字化能力对企业的提升可能是更加全面的，可以在之后的研究中探讨其他能力提升带来的影响。其次，在第3章，我们没有考虑实施BBP策略的成本。事实上，企业在收集消费者信息时需要投入一定的成本，而且每家企业实施BBP策略的能力可能不同。考虑成本对企业BBP策略的影响是很有意义的。最后，在第5章，我们假设市场上的所有消费者对购后体验的敏感度相同，并认为所有满意消费者都有相同的增值效用，不满意消费者产生的负效用也相同。因此，未来进一步研究消费者对购买后体验的敏感度以及消费者增值的异质性是有必要的。

附录

1. 命题1证明

证明：不同的第一期市场份额会导致第二期存在三种情况，即双方均能猎取；A 企业单独猎取；仅有 B 企业能猎取。对三种情况分别求解：

（1）双方均能猎取，此时 $x_0 \in \left[(1+\mu)/4, (3+\mu)/4\right]$。

由 $V - tx_1 - P_{ao2} = V - t(1 - x_1) - P_{bn2}$，进而得到 $x_1 = (-P_{ao2} + P_{bn2} + t)/2t$，同理可以得到 $x_2 = (-P_{an2} + P_{bo2} + t)/2t$。

双方的第二期需求为：

$D_{a2} = x_1 + x_2 - x_0$

$D_{b2} = x_0 - x_1 + 1 - x_2$

双方的利润函数为：

$\Pi_{a2} = P_{ao2}x_1 + P_{an2}(x_2 - x_0) - C_1(x_1 + x_2 - x_0)$

$\Pi_{b2} = P_{bo2}(1 - x_2) + P_{bn2}(x_0 - x_1) - C_2(x_0 - x_1 + 1 - x_2)$

由于一阶导数等于零，因此可以得到双方的均衡价格和均衡利润。

（2）A企业单独猎取，此时 $x_0 \in \left[0, (1+\mu)/4\right]$。

首先，因为B企业无法有效猎取，所以B企业的新顾客价格为其最低价，即成本价 C_2。而A企业恰好可以保留全部老顾客，则有 $V - tx_0 - P_{ao2} = V - t(1 - x_0) - C_2$，可以得到 $P_{ao2} = t - 2tx_0 + C_2$。

对于B企业的老顾客，则有 $V - tx_2 - P_{an2} = V - t(1 - x_2) - P_{bo2}$，可以得到 $x_2 = (-P_{an2} + P_{bo2} + t)/2t$。

由于一阶导数等于零，因此可以得到双方的均衡价格和均衡利润。

（3）B企业单独猎取的情况与A企业单独猎取的情况类似，采取相同的求解方法可以得到双方的均衡价格和均衡利润。命题1得证。

2. 推论1证明

证明：不实施BBP策略的情况下，两家企业的第二期利润函数均为t/2。

当 $x_0 \in \left[0, (1+\mu)/4\right]$时，可得：

$$\Pi_{a2}^* = \frac{t^2(9 - 6x_0 - 20{x_0}^2) - 2t(3 + 5x_0)(C_1 - C_2) + (C_1 - C_2)^2}{18t}$$

$$\Pi_{b2}^* = \frac{\left[t(-3 + 2x_0) - (C_1 - C_2)\right]^2}{18t}$$

进而可以证明 $\Pi_{a2}^* - \frac{t}{2} > 0, \Pi_{b2}^* - \frac{t}{2} > 0$。

同理，当 $x_0 \in \left[(3+\mu)/4, 1\right]$时，可得到 $\Pi_{a2}^* - \frac{t}{2} > 0, \Pi_{b2}^* - \frac{t}{2} > 0$。推论1得证。

3. 推论2证明

证明：假设 $f = \Pi_{a2}^* - \Pi_{b2}^*$。

当 $x_0 \in \left[0, (1+\mu)/4\right]$时，$f = \frac{t}{3}\left[x_0(-1 + 4x_0) + (2 + x_0)\mu\right] > 0$。

当 $x_0 \in \left[(3+\mu)/4, 1\right]$时，$f = t^2 - \frac{7}{3}x_0 t + \frac{8}{9}x_0{}^2 t - \frac{7}{9}\mu t(x_0 - 1) < 0$。

同时，可以证明$\frac{\partial \Pi_{a2}^*}{\partial \mu} > 0, \frac{\partial \Pi_{b2}^*}{\partial \mu} < 0$。推论2得证。

4. 命题2证明

证明：（1）A企业新老顾客价格的比较：

在 $x_0 \in \left[(3+\mu)/4, 1\right]$时，由 $P_{ao2}^* < P_{an2}^*$，可以解得 $x_0 < \mu - 1/2$；

在 $x_0 \in \left[(1+\mu)/4, (3+\mu)/4\right]$时，由 $P_{ao2}^* < P_{an2}^*$，可以解得 $x_0 < 1/3$；

在 $x_0 \in \left[0, (1+\mu)/4\right]$时，由 $P_{ao2}^* < P_{an2}^*$，可以解得 $\mu < x_0$。

综上所述，只有在 $x_0 < 1/3$，且 $\mu < x_0$时，A企业的老顾客价格会低于新顾客价格。

（2）B企业新老顾客价格的比较：

与上述证明过程类似，我们发现当 $2/3 < x \leqslant 1$时，B企业的老顾客价格会低于新顾客价格。命题2得证。

5. 命题3证明

证明：由公式可以看出，两家企业的利润函数均为P_{a1}和P_{b1}的分段函数。为了得到纯策略均衡的参数区间，需要检验在不同参数区间内是否有企业会偏离反应函数的交点。

首先，分析A企业是否有从双方均猎取的均衡向A企业单独猎取的均衡转移的倾向。在双方均猎取的情况下，B企业的均衡价格为 $P_{b1} = \frac{1}{24}(32t + 3C_1 - 3C_2)$。如果A企业出现单独猎取的倾向，那么它会根据单独猎取的反应函数设定一个最优价格。将 $P_{b1} = \frac{1}{24}(32t + 3C_1 - 3C_2)$ 代入其反应函数，得到A企业的转移定价，即 $P_{a12} = \frac{1}{33}(59t + 24C_1 - 24C_2)$。如果A企业单独猎取能够成为均衡，那么双方的价格区间不满足

$\frac{1}{3}(-3t+2C_2-2C_1) \leqslant P_{b1}-P_{a1} \leqslant \frac{1}{3}(-2t+3C_2-3C_1)$。因此，A企业需要继续提高价格，以满足区间上限的价格，即$P_{a13}=\frac{1}{8}(16t+9C_1-9C_2)$。将其代入A企业单独猎取时的利润函数，可以得到A企业的总利润，而该利润小于双方均猎取时A企业的均衡利润。综上所述，A企业没有从双方均猎取向A企业单独猎取转移的倾向。

参照上述比较过程，通过比较A企业和B企业其他均衡位置的转移倾向，得出以下结论：

（1）当$12\,509/\left[3\times\left(3\,836+481\sqrt{35}\right)\right]<\mu<1$时，仅有A企业单独猎取这种情况存在解，且在该均衡状态下两家企业均无转移倾向，因此存在纯策略均衡。

(2) 当$248/\left[3\times\left(229+37\sqrt{35}\right)\right]<\mu<12\,509/\left[3\times\left(3\,836+481\sqrt{35}\right)\right]$时，在$8/15\leqslant\mu\leqslant 12\,509/\left[3\times\left(3\,836+481\sqrt{35}\right)\right]$时，仅有A企业单独猎取存在解，而B企业有向双方均猎取的均衡转移的倾向。在$248/\left[3\times\left(229+37\sqrt{35}\right)\right]\leqslant\mu<8/15$时，A企业单独猎取和双方均猎取的均衡下都存在均衡解。然而，在这两种情况下，B企业有转移倾向，不存在纳什均衡。因此，在该参数范围内不存在纯策略均衡。

（3）当$0\leqslant\mu\leqslant 248/\left[3\times\left(229+37\sqrt{35}\right)\right]$时，在$1/12\leqslant\mu<248/\left[3\times\left(229+37\sqrt{35}\right)\right]$时，A企业单独猎取和双方均猎取的均衡下都存在均衡解。但当A企业单独猎取时，B企业存在转移倾向，而当双方均猎取时，两家企业无转移倾向。当$0\leqslant\mu<1/12$时，三种猎取情况都存在解。但当A企业单独猎取时，B企业有转移倾向，反之亦反。当双方都猎取时，A企业和B企业均无转移倾向，因此存在纯策略均衡。命题3得证。

6. 命题4证明

证明：当$0 \leqslant \mu \leqslant 248/\left(3 \times \left(229 + 37\sqrt{35}\right)\right)$时，由$P_{an2} < P_{ao2} < P_{a1}$，可以得到$0 < C_1 \leqslant \left(451C_2 + 148\sqrt{35}C_2\right)/\left(947 + 148\sqrt{35}\right)$或$\left(451C_2 + 148\sqrt{35}C_2\right)/\left(947 + 148\sqrt{35}\right) < C_1$，且$\left(3C_1 + 45C_2\right)/32 < t$。

当$0 \leqslant \mu \leqslant 248/\left(3 \times \left(229 + 37\sqrt{35}\right)\right)$时，由$P_{a1} < P_{an2} < P_{ao2}, P_{b1} < P_{bn2} < P_{bo2}$，可以得到$\left(563C_2 + 111\sqrt{35}C_2\right)/\left(811 + 111\sqrt{35}\right) < C_1$，且$t < \left(C_1 + C_2\right)/2$。

当$12\,509/\left(3 \times \left(3\,836 + 481\sqrt{35}\right)\right) < \mu < 1$时，$P_{a1} < P_{an2} < P_{ao2}, P_{b1} < P_{bn2} < P_{bo2}$恒成立。命题4得证。

7. 命题5证明

证明：当$0 \leqslant \mu \leqslant 248/\left(3 \times \left(229 + 37\sqrt{35}\right)\right)$或$12\,509/\left(3 \times \left(3\,836 + 481\sqrt{35}\right)\right) < \mu \leqslant 50/\left(24 + 13\sqrt{17/3}\right)$时，此时$\Pi_a < t, \Pi_b < t$。当$50/\left(24 + 13\sqrt{17/3}\right) < \mu < 1$时，$\Pi_a > t, \Pi_b < t$。命题5得证。

8. 命题6和推论3证明

证明：为保证均衡解存在，需要满足$C_2 > 0, t > 54C_1/23$，且$C_1 > 0, t > 54C_2/23$。通过对四种策略的求解，我们可以得到各方的均衡收益，见附表1。

附表1 **不同策略下的各方收益矩阵**

A/B企业策略	B企业用	B企业不用
A企业用	$\Pi_a^{DD*}=\frac{17t}{18}-\frac{5(C_1-C_2)}{48}+\frac{95(C_1-C_2)^2}{512t}$ $\Pi_b^{DD*}=\frac{17t}{18}+\frac{5(C_1-C_2)}{48}+\frac{95(C_1-C_2)^2}{512t}$	$\Pi_a^{DU*}=\frac{17(92C_2+156C_2^2/t+529t)}{12\,696}$ $\Pi_b^{DU*}=-\frac{55C_2}{276}+\frac{393C_2^2}{2\,116t}+\frac{31t}{48}$
A企业不用	$\Pi_a^{UD*}=-\frac{55C_1}{276}+\frac{393C_1^2}{2\,116t}+\frac{31t}{48}$ $\Pi_b^{UD*}=\frac{17(92C_1+156C_1^2/t+529t)}{12\,696}$	$\Pi_a^{UU*}=t$ $\Pi_b^{UU*}=t$

注：DD表示两家企业都实施BBP策略；UU表示两家企业都不实施BBP策略；DU表示A企业实施BBP策略，B企业不实施BBP策略；UD表示A企业不实施BBP策略，B企业实施BBP策略。

设 $\Delta\Pi_1=\Pi_b^{DD*}-\Pi_b^{DU*}$，$\Delta\Pi_2=\Pi_b^{UU*}-\Pi_b^{UD*}$，$\Delta\Pi_3=\Pi_a^{DD*}-\Pi_a^{UD*}$，$\Delta\Pi_4=\Pi_a^{UU*}-\Pi_a^{DU*}$。在均衡解存在的参数范围内，恒有$\Delta\Pi_1>0$，$\Delta\Pi_2>0$，$\Delta\Pi_3>0$，$\Delta\Pi_4>0$，根据博弈理论中的条件策略下划线法，可知UU、DD为纳什均衡策略，且UU是唯一的帕累托占优策略。命题6和推论3得证。

9. 命题7证明

在第二期，A企业通过设置价格（p_{An}，p_{Ao}）来最大化第二期利润Π_{2A}，B企业通过设置价格（p_{Bn}，p_{Bo}）来最大化第二期利润Π_{2B}。

在区域1，$0\leq x_0<\frac{2t+\Delta V}{8t}$。在这种情况下，B企业对新顾客的价格（$p_{Bn}^*=-\frac{t}{3}+\frac{4tx_0}{3}-\frac{\Delta V}{6}$）低于零。因此，B企业将新顾客价格设定为零，而A企业对老顾客的价格为$p_{Ao}^*=t-2tx_0+\frac{\Delta V}{2}$，这个价格可以保留$x=x_0$这部分顾客。同时，A企业对新顾客的价格（$p_{An}^*=t-\frac{4tx_0}{3}+\frac{\Delta V}{6}$）大于零，这意味着A企业可以猎取新顾客。

在区域2，$\frac{2t+\Delta V}{8t} \leqslant x_0 \leqslant \frac{6t+\Delta V}{8t}$。在这种情况下，A企业对老顾客的价格为$p_{Ao}^* = \frac{t}{3} + \frac{2tx_0}{3} + \frac{\Delta V}{6}$，B企业对新顾客的价格为$p_{Bn}^* = -\frac{t}{3} + \frac{4tx_0}{3} - \frac{\Delta V}{6}$。因此，A企业无法保留$x = x_0$这部分消费者。同时，B企业对老顾客的价格为$p_{Bo}^* = t - \frac{2tx_0}{3} - \frac{\Delta V}{6}$，A企业对新顾客的价格为$p_{An}^* = t - \frac{4tx_0}{3} + \frac{\Delta V}{6}$。因此，B企业也无法保留$x = x_0$这部分消费者。总之，A企业和B企业都可以在区域2猎取新顾客。

在区域3，$\frac{6t+\Delta V}{8t} < x_0 \leqslant 1$。在这种情况下，A企业对新顾客的价格（$p_{An}^* = t - \frac{4tx_0}{3} + \frac{\Delta V}{6}$）低于零。因此，A企业将新顾客价格设定为零，而B企业对老顾客的价格为$p_{Bo}^* = -t + 2tx_0 - \frac{\Delta V}{2}$，这将保留$x = x_0$这部分的消费者。与此同时，B企业对新顾客的价格（$p_{Bn}^* = -\frac{t}{3} + \frac{4tx_0}{3} - \frac{\Delta V}{6}$）大于零，这意味着B企业可以猎取新顾客。命题7得证。

10. 推论4证明

通过比较命题7中新顾客和老顾客的均衡价格，可以得出推论4。

首先，比较区域1中A企业对新老顾客的价格，当$\frac{\Delta V}{2t} < x_0 < \frac{2t+\Delta V}{8t}$时，$p_{An}^* - p_{Ao}^* = \frac{2tx_0}{3} - \frac{\Delta V}{3} > 0$。在区域2，当$\frac{2t+\Delta V}{8t} \leqslant x_0 < \frac{1}{3}$时，$p_{An}^* - p_{Ao}^* = \frac{2t}{3} - 2tx_0 > 0$。总之，只有当$\frac{\Delta V}{2t} < x_0 < \frac{1}{3}$时，A企业才会向老顾客收取较低的价格。

然后，比较B企业对新老顾客的价格，使用A企业类似的方法比较。在区域1，$p_{Bn}^* = 0$。在区域2，当$\frac{2}{3} < x_0 \leqslant \frac{6t+\Delta V}{8t}$时，$p_{Bn}^* - p_{Bo}^* =$

$-\frac{4t}{3}+2tx_0>0$。在区域3，当$\frac{6t+\Delta V}{8t}<x_0\leqslant 1$时，$p_{Bn}^*-p_{Bo}^*=\frac{2t}{3}-\frac{2tx_0}{3}+\frac{\Delta V}{3}>0$。总之，只有当$\frac{2}{3}<x_0<1$时，B企业才会向老顾客收取较低的价格。推论4得证。

11. 命题8证明

为了便于计算，我们用Π_j^r表示j企业在r区域的利润，用p_j^r表示j企业在r区域的价格。其中，$r\in\{E,F,G\}$（如图4-3所示），$j\in\{A,B\}$。

根据利润函数公式，我们可以得到两家企业相应的最佳反应函数：

$$\frac{\partial\Pi_A}{\partial p_A}=\begin{cases}\frac{-22p_A+16p_B+18t+\Delta V}{8t}, & \frac{2t}{3}<p_A-p_B\leqslant\frac{6t+\Delta V}{6}\\ \frac{-7p_A+p_B+8t+\Delta V}{16t}, & -\frac{2t}{3}\leqslant p_A-p_B\leqslant\frac{2t}{3}\\ \frac{-5p_A+2p_B}{4t}, & \frac{-6t+\Delta V}{6}\leqslant p_A-p_B<-\frac{2t}{3}\end{cases}$$

$$\frac{\partial\Pi_B}{\partial p_B}=\begin{cases}\frac{2p_A-5p_B}{4t}, & \frac{2t}{3}<p_A-p_B\leqslant\frac{6t+\Delta V}{6}\\ \frac{p_A-7p_B+8t-\Delta V}{16t}, & -\frac{2t}{3}\leqslant p_A-p_B\leqslant\frac{2t}{3}\\ -\frac{-16p_A+22p_B-18t+\Delta V}{8t}, & \frac{-6t+\Delta V}{6}\leqslant p_A-p_B<-\frac{2t}{3}\end{cases}$$

（1）在区域E，只有一个均衡解，即只有A企业能猎取新顾客。通过$\frac{\partial\Pi_A^E}{\partial p_A^E}=0$和$\frac{\partial\Pi_B^E}{\partial p_B^E}=0$会得到最佳反应函数：$p_A^E(p_B^E)=\frac{16p_B^E+18t+\Delta V}{22}$和$p_B^E(p_A^E)=\frac{2p_A^E}{5}$。求解双方的最佳反应函数，我们可以得到均衡价格为$p_A^{E*}=\frac{5(18t+\Delta V)}{78}$和$p_B^{E*}=\frac{18t+\Delta V}{39}$。在这些价格上，两家企业都没有动机偏离与$\Pi_A^E(p_A,p_B)$和$\Pi_B^E(p_A,p_B)$相对应的价格范围，并且这些价格满足给定范围条件$\frac{2t}{3}<p_A^{E*}-p_B^{E*}\leqslant\frac{6t+\Delta V}{6}$。

现在，我们检查一下两家企业是否有动机偏离均衡路径。我们首先查看A企业的偏离动机。给定p_B^{E*}，假设A企业的偏离方式会导致一个价格区间，该价格区间的结果是区域F。设$p_A^F(p_B)$为最佳反应函数，该函数由$\frac{\partial \Pi_A^F}{\partial p_A^F}=0$得出。那么，A企业在此范围内的最佳偏离价格为$\widehat{p_A^F} \equiv p_A^F(p_B^{E*})=\frac{10(33t+4\Delta V)}{273}$。接下来，我们比较一下偏离利润$\Pi_A^E(\widehat{p_A^F},p_B^{E*})$能否高于均衡利润$\Pi_A^E(p_A^{E*},p_B^{E*})$。设$\Delta 1=\Pi_A^E(\widehat{p_A^F},p_B^{E*})-\Pi_A^E(p_A^{E*},p_B^{E*})$，且我们发现在该区域内$\Delta 1<0$，A企业没有动机偏离区域F的均衡价格。按照类似的过程，我们可以发现在区域G，A企业也没有动机偏离均衡价格。

现在分析B企业的偏离情况。分析过程与上述过程类似。设$\widehat{p_B^G} \equiv p_B^G(p_A^{E*})$是B企业偏离到区域G时的最佳偏离价格。其中，$p_B^G(p_A)$满足$\frac{\partial \Pi_B^G}{\partial p_B}=0$。定义$\Delta 2=\Pi_B^G(p_A^{E*},\widehat{p_B^G})-\Pi_B^E(p_A^{E*},p_B^{E*})$，发现在此区域内$\Delta 2<0$，B企业没有动机偏离到区域G。通过类似的证明过程，我们发现B企业也没有动机偏离到区域F。

总之，当$\frac{4\,102t-260\sqrt{35}\,t}{867}<\Delta V<\frac{11t}{3}$（区域E）时，存在一个只有A企业猎取新顾客的均衡解，在这个均衡中任何企业都不会偏离，因此存在一个纯策略均衡。

（2）用类似的证明过程继续分析，在区域G（$\frac{164t-20\sqrt{35}\,t}{39}\leqslant\Delta V\leqslant\frac{4\,102t-260\sqrt{35}\,t}{867}$）中有两种情况。对于$\frac{8t}{3}<\Delta V\leqslant\frac{4\,102t-260\sqrt{35}\,t}{867}$，只有一种均衡解，即只有A企业猎取新顾客。我们发现，此时B企业有偏离均衡状态的动机。对于$\frac{164t-20\sqrt{35}\,t}{39}\leqslant\Delta V\leqslant\frac{8t}{3}$，有两个均衡解，即只有A企业猎取新顾客和两家企业均猎取新顾客。然而，在这两种情况下，B企业都有偏离均衡的动机。因此，在这种情况下存在纯策略均衡。

（3）在区域F（$0 < \Delta V < \frac{164t - 20\sqrt{35}t}{39}$）中也有两种情况。对于$\frac{2t}{3} \leqslant \Delta V < \frac{164t - 20\sqrt{35}t}{39}$，有两种均衡解，即只有A企业猎取新顾客和两家企业均猎取新顾客。当只有A企业猎取新顾客时，B企业有动机偏离；当两家企业均猎取新顾客时，A企业和B企业都没有动机偏离。当$0 < \Delta V < \frac{2t}{3}$时，三种可能的猎取情况都有均衡解。然而，当只有A企业猎取新顾客时，B企业有动机偏离，反之亦反。当两家企业均猎取新顾客时，A企业和B企业都没有动机偏离。因此，在这种情况下存在纯策略均衡。命题8得证。

12. 命题9证明

在区域F，A企业和B企业均能猎取新顾客，$0 < \Delta V < \frac{164t - 20\sqrt{35}t}{39}$。

我们定义$\Delta\Pi_A|NN - F = \Pi_A^{NN*} - \Pi_A^{F*}$。根据正文中的结果，我们首先得到$\Delta\Pi_A|NN - F = \frac{t}{18} - \frac{5\Delta V}{48} - \frac{71\Delta V^2}{4\,608t}$。因此，在$\frac{32\sqrt{74}t - 240t}{71} < \Delta V < \frac{164t - 20\sqrt{35}t}{39}$时，有$\Delta\Pi_A|NN - F < 0$。同样，对于B企业，我们有$\Pi_B|NN - F = \Pi_B^{NN*} - \Pi_B^{F*} = \frac{t}{18} + \frac{5\Delta V}{48} - \frac{71\Delta V^2}{4\,608t} > 0$。

在区域E，只有A企业猎取新顾客，即$\frac{4\,102t - 260\sqrt{35}t}{867} < \Delta V < \frac{11t}{3}$。对于A企业，有$\Delta\Pi_A|NN - E = \Pi_A^{NN*} - \Pi_A^{E*} = \frac{125t}{338} - \frac{55\Delta V}{507} - \frac{275\Delta V^2}{12\,168t} < 0$。同样，对于B企业，有$\Pi_B|NN - E = \Pi_B^{NN*} - \Pi_B^{E*} = \frac{97t}{338} + \frac{9\Delta V}{169} - \frac{125\Delta V^2}{12\,168t} > 0$。命题9得证。

13. 命题10证明

在区域E，只有A企业猎取新顾客，即$\frac{4\,102t-260\sqrt{35}\,t}{867}<\Delta V<\frac{11t}{3}$。第一期消费者剩余和第二期消费者剩余如下：

$$CS_1=\int_0^{x_0}\bar{V}-p_A-txdx+\int_{x_0}^{1}\bar{V}-p_B-t(1-x)dx$$

$$CS_2=\int_0^{x_0}V_H-p_{Ao}-txdx+\int_{x_0}^{x_b}\bar{V}-p_{An}-txdx+\int_{x_b}^{1}V_L-p_{Bo}-t(1-x)dx$$

总消费者剩余和社会福利如下：

$$CS^{E*}=CS_1+CS_2=-\frac{1\,299t}{676}+2V_L+\frac{895\Delta V}{1\,014}+\frac{61\Delta V^2}{2\,704t}$$

$$WF=CS+\Pi_A+\Pi_B$$

将Π_A^{E*}和Π_B^{E*}代入方程式中，可得$WF^{E*}=-\frac{391t}{676}+2V_L+\frac{317\Delta V}{338}+\frac{225\Delta V^2}{2\,704t}$。

同样，在区域F，当A企业和B企业都能猎取新顾客时，$0<\Delta V<\frac{164t-20\sqrt{35}\,t}{39}$。两期的消费者剩余和社会福利的均衡结果如下：

$$CS^{F*}=-\frac{22t}{9}+V_H+\frac{9\Delta V^2}{512t}+V_L$$

$$WF^{F*}=-\frac{5t}{9}+V_H+\frac{39\Delta V^2}{512t}+V_L$$

通过比较实施BBP策略和不实施BBP策略下区域E（F）的消费者剩余和社会福利的均衡结果，我们可以得出命题10。

在区域E和区域F，分别有$\Delta CS|NN-E=CS^{NN*}-CS^{E*}=-\frac{391t}{676}+\frac{119\Delta V}{1\,014}-\frac{95\Delta V^2}{6\,084t}<0$，$\Delta CS|NN-F=CS^{NN*}-CS^{F*}=-\frac{t}{18}-\frac{49\Delta V^2}{4\,608t}<0$。因此，可以看出消费者剩余总是受益于BBP策略。在区域E，有$\Delta WF|NN-E=WF^{NN*}-WF^{E*}=\frac{53t}{676}+\frac{21\Delta V}{338}-\frac{116\Delta V^2}{1\,521t}<0$，社会福利

受益于BBP策略。在区域F，有$\Delta WF|NN-F = WF^{NN*} - WF^{F*} = \frac{t}{18} - \frac{319\Delta V^2}{4\,608t}$，当$0 < \Delta V < \frac{16t}{\sqrt{191}}$时，$\Delta WF|NN-F < 0$。因此，在此条件下，社会福利受益于BBP策略。命题10得证。

14. 命题11证明

由于短视型消费者在第一期做出购买决策时只考虑当期效用最大化，我们可以得到边际消费者在第一期购买时获得的效用为$\bar{V} - p_A - tx_0 = \bar{V} - p_B - t(1 - x_0)$，且$x_0 = \frac{-p_A + p_B + t}{2t}$。在这三种均衡中，边际消费者在第一期的位置是$x_0 = \frac{-p_A + p_B + t}{2t}$。我们可以得到这三个均衡中的第一期利润函数$\Pi_{1A} = \frac{p_A(-p_A + p_B + t)}{2t}$和$\Pi_{1B} = \frac{p_B(p_A - p_B + t)}{2t}$。利用一阶条件求解第一期均衡价格，可得$p_A^* = p_B^* = t$，A企业的第一期市场份额为$x_0 = \frac{1}{2}$。

利用逆向求解法，我们可以得到两家企业在均衡状态下的第二期价格、第二期利润和第一期利润。与命题7的证明类似，当$0 < \Delta V < 2t$时，A企业和B企业都能猎取新顾客；当$2t < \Delta V < 4t$时，只有A企业猎取新顾客。利用类似命题8的证明方法，可以得到纯策略均衡结果。

当$0 < \Delta V < 2t$时，A企业和B企业都能猎取新顾客。为简单起见，用上标G表示这种情况。两家企业的总利润分别为$\Pi_A^{G*} = \frac{28t^2 + 6t\Delta V + \Delta V^2}{36t}$和$\Pi_B^{G*} = \frac{28t^2 - 6t\Delta V + \Delta V^2}{36t}$。总的消费者剩余和社会福利分别为$CS^{G*} = -\frac{19t}{9} + V_H + \frac{\Delta V^2}{72t} + V_L$和$WF^{G*} = -\frac{5t}{9} + V_H + \frac{39\Delta V^2}{512t} + V_L$。

当$2t < \Delta V < 4t$时，只有A企业猎取新顾客。为简单起见，用上标

H表示这种情况。两家企业的两期利润为$\Pi_A^{H*}=\frac{40t^2+22t\Delta V+\Delta V^2}{72t}$和$\Pi_B^{H*}=\frac{52t^2-8t\Delta V+\Delta V^2}{72t}$。两家企业的两期消费者剩余和社会福利为$CS^{H*}=\frac{1}{144}\left(-260t+288V_L+124\Delta V+\frac{\Delta V^2}{t}\right)$ 和 $WF^{H*}=\frac{1}{144}\left(-76t+288V_L+152\Delta V+\frac{5\Delta V^2}{t}\right)$。

与命题9和命题10的证明过程类似，仅当$\frac{16t}{5}<\Delta V<4t$时，BBP策略增加了A企业的利润，却减少了B企业的利润；从消费者剩余和社会福利的角度来看，消费者剩余总是在实施BBP策略时变得更好，而社会福利只有在$\frac{2t\sqrt{10}}{5}<\Delta V<2t$或$2t<\Delta V<4t$的情况下，BBP策略才会使其受益。命题11得证。

15. 命题12证明

在第二期，A企业设定价格P_{a2o}^{DD}和P_{a2n}^{DD}，最大化A企业的第二期利润$\Pi_{a2}=P_{a2o}^{DD}\left[\Delta r\theta_0+(1-\Delta r)\theta_1\right]+P_{a2n}^{DD}(\theta_2-\theta_0)$。同样，B企业设定价格$P_{b2o}^{DD}$和$P_{b2n}^{DD}$，最大化B企业的第二期利润$\Pi_{b2}=P_{b2n}^{DD}(1-\Delta r)(\theta_0-\theta_1)+P_{b2o}^{DD}(1-\theta_2)$。根据利润一阶导数为零，可以得到三种不同的优惠定价策略。假设$\Delta P_1>0$，$\Delta P_2>0$，并且：

$$\Delta P_1=P_{a2o}^{DD}-P_{a2n}^{DD}=-\frac{-16+32\Delta v+4\Delta r^2(3+2\Delta v)-11\Delta r(3+5\Delta v)+\Delta r^3(13+15\Delta v)}{3(-1+\Delta r)(-16-5\Delta r+13\Delta r^2)}$$

$$\Delta P_2=P_{b2o}^{DD}-P_{b2n}^{DD}=\frac{16+\Delta r^3(26-48\Delta v)-32\Delta v-\Delta r(39+11\Delta v)+\Delta r^2(-15+91\Delta v)}{3(-1+\Delta r)(-16-5\Delta r+13\Delta r^2)}$$

当$0<\Delta r<0.391$，且$0<\Delta v<V_1(\Delta r)$时，A企业和B企业向其新顾客收取更低的价格。假设$\Delta P_1>0$，$\Delta P_2<0$，当$0<\Delta r<0.648$，且$\max\{0,\ V_1(\Delta r)\}<\Delta v<\min\{V_2(\Delta r),\ V_3(\Delta r)\}$时，A企业向其新顾客收取更低的价格，B企业向其老顾客收取更低的价格。同理，假设$\Delta P_1<0$，

$\Delta P_2 < 0$，当$0 < \Delta r < \frac{1}{3}$，且$V_2(\Delta r) < \Delta v < V_3(\Delta r)$时，A企业和B企业都向其老顾客收取更低的价格。命题12得证。

16. 命题13证明

命题13可以通过比较两家企业实施BBP策略时的利润得到，将均衡价格P_{a2o}^{DD*}、P_{a2n}^{DD*}、P_{b2o}^{DD*}和P_{b2n}^{DD*}代入利润函数后，可得到的均衡利润Π_a^{DD*}和Π_b^{DD*}。我们可以将利润差额定义为$\Pi_a^{DD*} - \Pi_b^{DD*} = \Delta\Pi_c(\Delta r,\Delta v) - \Delta c$。其中，$\Delta\Pi_c(\Delta r, \Delta v)$表示两家企业利润的差额。

在纯策略均衡的参数范围（$0 < \Delta r < 0.648$，$0 < \Delta v < V_3(\Delta r)$，且$0 < \Delta c < C_1(\Delta r,\Delta v)$）内，可以得到：当$V_4(\Delta r) < \Delta v < V_3(\Delta r)$，且$0 < \Delta c < C_2(\Delta r,\Delta v)$时，$\Pi_a^{DD*} > \Pi_b^{DD*}$。边界值$C_2(\Delta r,\Delta v)$是通过$\Delta\Pi_c(\Delta r,\Delta v) = \Delta c$得到的。因此，在该参数范围内，A企业的利润要高于B企业的利润。

同理，当$0 < \Delta v < V_4(\Delta r)$或者$C_2(\Delta r,\Delta v) < \Delta c < C_1(\Delta r,\Delta v)$时，$\Pi_a^{DD*} < \Pi_b^{DD*}$。这一结论表明当强势企业在购后体验上投入的成本为零时，其利润仍然要低于弱势企业。因此，在接下来的分析中我们不妨假设$\Delta c = 0$。在第二期，我们发现当$0 < \Delta v < V_4(\Delta r)$时，$P_{a2o}^{DD*} - P_{b2o}^{DD*} = \frac{2\Delta r[20 - 13\Delta r^2 + \Delta r(5 - 11\Delta v) + 11\Delta v]}{3(-1 + \Delta r)(-16 - 5\Delta r + 13\Delta r^2)} > 0$和$P_{a2n}^{DD*} - P_{b2n}^{DD*} = \frac{\Delta r[\Delta r^2(13 - 33\Delta v) - 4(8 + 11\Delta v) + \Delta r(7 + 77\Delta v)]}{3(-1 + \Delta r)(-16 - 5\Delta r + 13\Delta r^2)} < 0$。强势企业可以向老顾客收取比弱势企业老顾客更高的价格，这就导致强势企业有意愿降低第一期价格来扩大老顾客的市场份额。然而，$P_{a1}^{DD*} < P_{b1}^{DD*}$导致$\Pi_{a1}^{DD*} < \Pi_{b1}^{DD*}$，因此强势企业的第二期利润无法弥补第一期的利润损失。命题13得证。

17. 引理5证明

当两家企业都不实施BBP策略时，纯策略均衡存在的参数范围为$0 < \Delta v < V_6(\Delta r)$。通过与命题12中两家企业都实施BBP策略时的参数范围比较，我们可以得出共同的参数区间，即$0 < \Delta v < V_6(\Delta r)$。

通过比较均衡区域内企业的价格，我们可以得到：当$0 < \Delta r \leqslant 0.184$，且$0 < \Delta v < V_5(\Delta r)$时，或者$0.184 < \Delta r < 0.648$，且$0 < \Delta v < V_6(\Delta r)$时，$P_{a2o}^{DD*} > P_{a2}^{UU*}$；当$0 < \Delta r < 0.194$，且$V_7(\Delta r) < \Delta v < V_6(\Delta r)$时，$P_{a2n}^{DD*} > P_{a2}^{UU*}$；当$0 < \Delta r < 0.417$，且$0 < \Delta v < V_8(\Delta r)$时，$P_{b2o}^{DD*} > P_{b2}^{UU*}$；当$0 < \Delta r < 0.648$，且$\max\{0, V_9(\Delta r)\} < \Delta v < V_6(\Delta r)$时，$P_{b2n}^{DD*} > P_{b2}^{UU*}$。引理5得证。

18. 命题14证明

将两家企业不实施BBP策略的均衡价格代入利润函数中，我们可以得到均衡利润Π_a^{UU*}和Π_b^{UU*}。将两家企业实施BBP策略和不实施BBP策略的均衡利润进行比较，可以得到命题14。具体而言，当$0 < \Delta v < V_6(\Delta r)$时，$\Pi_a^{DD*} > \Pi_a^{UU*}$和$\Pi_b^{DD*} > \Pi_b^{UU*}$。因此，BBP策略对企业是有利的。

我们接下来比较企业的两期均衡利润。在第一期，当两家企业实施BBP策略时，我们通过市场份额对价格求一阶偏导，即$\frac{\partial \theta_0^{DD}}{\partial P_{a1}^{DD}} = \frac{\partial(1-\theta_0^{DD})}{\partial P_{b1}^{DD}} = \frac{-3(-1+\Delta r)}{2(-4+\Delta r+\Delta r^2)} < 0$，来分析第一期价格是怎样影响第一期市场份额的。

上述等式小于零表明企业提高第一期利润会导致第一期市场份额的缩减。同样，我们可以得到$\frac{\partial \theta_0^{UU}}{\partial P_{a1}^{UU}} = \frac{\partial(1-\theta_0^{UU})}{\partial P_{b1}^{UU}} = \frac{-3(-2+\Delta r)}{2(-2-2\Delta r+\Delta r^2)} < 0$。

通过比较这两个等式，我们可以得到 $\frac{\partial\theta_0^{DD}}{\partial P_{a1}^{DD}} = \frac{\partial(1-\theta_0^{DD})}{\partial P_{b1}^{DD}} > \frac{\partial\theta_0^{UU}}{\partial P_{a1}^{UU}} = \frac{\partial(1-\theta_0^{UU})}{\partial P_{b1}^{UU}}$。因此，当企业实施BBP策略时，消费者对第一期的价格相较于不实施BBP策略时会变得不敏感，从而提高了企业的第一期价格。让 $\Delta\Pi_{a1} = \Pi_{a1}^{DD*} - \Pi_{a1}^{UU*}$ 和 $\Delta\Pi_{b1} = \Pi_{b1}^{DD*} - \Pi_{b1}^{UU*}$ 分别表示A企业和B企业实施或不实施BBP策略时的第一期利润差额。很容易证明当 $0 < \Delta v < V_6(\Delta r)$ 时，$\Delta\Pi_{a1} > 0$ 和 $\Delta\Pi_{b1} > 0$。

在第二期，正如引理5所述，当企业实施BBP策略时，强势企业能够至少向一个细分市场收取高于统一定价的价格。让 $\Delta\Pi_{a2} = \Pi_{a2}^{DD*} - \Pi_{a2}^{UU*}$，表示A企业实施或不实施BBP策略时的第二期利润差额，并且可以得到当 $0 < \Delta v < V_6(\Delta r)$ 时，$\Delta\Pi_{a2} > 0$。同样，对弱势企业而言，让 $\Delta\Pi_{b2} = \Pi_{b2}^{DD*} - \Pi_{b2}^{UU*}$，表示B企业实施或不实施BBP策略时的第二期利润差额，并且可以得到当 $\underline{V(\Delta r)} < \Delta v < \overline{V(\Delta r)}$ 时，$\Delta\Pi_{b2} < 0$。用区域E来表示 $\Delta\Pi_{b2} < 0$ 的参数区域。弱势企业在该区域内第二期的市场份额为：

$$D_{b2}^{DD*} = (1-\Delta r)(\theta_0^{DD*} - \theta_1^{DD*}) + (1-\theta_2^{DD*})$$
$$= \frac{-48 - 24\Delta r^3\Delta v + \Delta r(-19 + 5\Delta v) + \Delta r^2(43 + 27\Delta v)}{-96 - 30\Delta r + 78\Delta r^2}$$
$$D_{b2}^{UU*} = (1-\Delta r)(\theta_0^{UU*} - \theta_1^{UU*}) + (1-\theta_2^{UU*})$$
$$= \frac{-14 - 8\Delta r^3\Delta v - 2\Delta r(13 + \Delta v) + \Delta r^2(13 + 19\Delta v)}{-28 - 52\Delta r + 26\Delta r^2}$$

在区域E，$D_{b2}^{DD*} < D_{b2}^{UU*}$。因此，尽管BBP策略提高了弱势企业在某一细分市场的价格，但是需求量的减少对第二期利润的影响更大，导致BBP策略降低了B企业的第二期利润。命题14得证。

19. 命题15证明

当企业实施BBP策略时，第一期和第二期的消费者剩余为：

$$CS_1^{DD*} = \int_0^{\theta_0} v - \theta - p_{a1} d\theta + \int_{\theta_0}^1 v - (1-\theta) - p_{b1} d\theta$$

$$CS_2^{DD*} = (1-\Delta r)\left(\int_0^{\theta_1} v - \Delta v - \theta - p_{a2o} d\theta + \int_{\theta_1}^{\theta_0} v - (1-\theta) - p_{b2n} d\theta\right) +$$

$$\int_{\theta_0}^{\theta_2} v - \theta - p_{a2n} d\theta + \int_{\theta_2}^{1} v - \Delta v - (1-\theta) - p_{b2o} d\theta + \Delta r\int_0^{\theta_0} v + \Delta v - \theta - p_{a2o} d\theta$$

将均衡价格和无差异点代入消费者剩余函数，可以得到均衡消费者剩余 $CS^{DD*} = CS_1^{DD*} + CS_2^{DD*}$ 和社会福利 $WF^{DD*} = CS^{DD*} + \Pi_a^{DD*} + \Pi_B^{DD*}$。

同样的逻辑，我们可以得到当企业不实施BBP策略时的均衡消费者剩余和社会福利 CS^{UU*} 和 WF^{UU*}。通过比较，我们可以得到命题15。具体而言，当 $0 < \Delta v < V_6(\Delta r)$ 时，$CS^{DD*} < CS^{UU*}$。因此，BBP策略降低了消费者剩余。另外，当 $0.184 \leqslant \Delta r \leqslant 0.560$，且 $V_{10}(\Delta r) < \Delta v < \min\{V_6(\Delta r), V_{11}(\Delta r)\}$ 时，$WF^{DD*} > WF^{UU*}$，可用区域F来表示该区域。我们接下来从消费者剩余和利润的角度来分析为什么BBP策略在区域F内提高了社会福利。首先，从消费者剩余函数的角度来看，我们可以发现不满意消费者的转移购买可以提高消费者剩余。在两家企业实施或不实施BBP策略时，转移的不满意消费者数量为：

$$N_S^{DD*} = (1-\Delta r)(\theta_0^{DD*} - \theta_1^{DD*}) + \theta_2^{DD*} - \theta_0^{DD*}$$

$$= \frac{-12\Delta r^3\Delta v - 16(1+\Delta v) + \Delta r(-5+3\Delta v) + 3\Delta r^2(5+7\Delta v)}{-48 - 15\Delta r + 39\Delta r^2}$$

$$N_S^{UU*} = (1-\Delta r)(\theta_0^{UU*} - \theta_1^{UU*}) + \theta_2^{UU*} - \theta_0^{UU*} = \frac{(28 + 24\Delta r - 89\Delta r^2 + 41\Delta r^3 - 4\Delta r^4)\Delta v}{(-2+\Delta r)(-14 - 26\Delta r + 13\Delta r^2)}$$

我们可以得到临界值：

$$\widetilde{\Delta v} = \frac{-448 - 748\Delta r + 1\,062\Delta r^2 + 622\Delta r^3 - 845\Delta r^4 + 195\Delta r^5}{-896 - 1\,048\Delta r + 3\,470\Delta r^2 + 205\Delta r^3 - 2\,385\Delta r^4 + 762\Delta r^5}$$

当低于该临界值时，BBP策略会提高转移的消费者数量。因此，我们可以进一步将区域F细分为两个部分：BBP策略提高转移消费者数量和BBP策略降低转移消费者数量。从利润的角度来看，我们可以得到BBP策略在区域F内提高了利润。总之，利润的提高可以弥补消费者剩余的降低，进而提高社会福利。命题15得证。

20. 命题16证明

命题16的计算结果直接来自企业采用挽留策略的均衡结果和主模型企业实施BBP策略时的均衡解。我们可以得出共同的均衡参数范围，即 $0 < \Delta v < V_{13}(\Delta r)$。当 $0 < \Delta v < V_{13}(\Delta r)$ 时，$\Pi_a^{DR*} < \Pi_a^{DD*}$、$\Pi_b^{DR*} < \Pi_b^{DD*}$ 和 $CS^{DR*} > CS^{DD*}$。这个结论表明挽留策略会损害企业利润，但是对消费者剩余有利。另外，当 $0 < \Delta r \leqslant 0.394$，且 $0 < \Delta v < \min\{V_{12}(\Delta r), V_{13}(\Delta r)\}$ 时，$WF^{DR*} > WF^{DD*}$；当 $0 < \Delta r \leqslant 0.325$，且 $V_{12}(\Delta r) < \Delta v < V_{13}(\Delta r)$ 时，$WF^{DR*} < WF^{DD*}$。命题16得证。

参考文献

[1] 曹辒建，顾新一.歧视性定价下的两阶段水平差异模型［J］．管理科学学报，2002（3）：56-61.

[2] 陈剑，夏大慰.价格歧视、不对称竞争与不对称规制——以电信市场“单向携号转网”规制政策为视角［J］．中国工业经济，2009（6）：141-150.

[3] 贾建民，杨扬，钟宇豪.大数据营销的“时空关”［J］．营销科学学报，2021（1）：97-113.

[4] 蒋传海.网络效应，转移成本和竞争性价格歧视［J］．经济研究，2010（9）：55-66.

[5] 蒋传海，唐丁祥.厂商动态竞争性差别定价和竞争优势实现——基于消费者寻求多样化购买行为的分析［J］．管理科学学报，2012，15（3）：44-53.

[6] 蒋传海，周天一，朱蓓.消费者寻求多样化与厂商折扣定价竞争［J］．中国管理科学，2019，27（9）：169-174.

[7] 金亮，郑本荣，李志鹏.基于顾客退货行为的在线零售商定价与体验渠道策略［J］．管理评论，2022，34（1）：168.

[8] 刘维奇，张晋菁.考虑消费者预期后悔的价格歧视策略研究［J］．中国管理科学，2018，26（5）：1-8.

[9] 刘思雨，胡奇英.消费者寻求多样性下的行为定价研究［J］．系统工程学报，2021（4）：448-463.

[10] 骆品亮，傅联英.零售企业平台化转型及其双边定价策略研究［J］．管理科学学报，2014，17（10）：1-12.

［11］ 马东升，宋华明，古晓宇，等.基于战略顾客行为的质量差异化产品定价策略［J］. 管理科学学报，2021（6）：76-87.
［12］ 马东升，宋华明，黄甫.产品质量差异化背景下基于行为的定价策略研究［J］. 工业工程与管理，2020，25（5）：113-120.
［13］ 田林，徐以汎.基于顾客行为的企业动态渠道选择与定价策略［J］. 管理科学学报，2015，18（8）：39-51；94.
［14］ 汪旭晖.新时代的“新零售”：数字经济浪潮下的电商转型升级趋势［J］. 北京工商大学学报（社会科学版），2020（5）：38-45.
［15］ 魏江，杨洋，杨佳铭.数智时代营销战略理论重构的思考［J］. 营销科学学报，2021（1）：114-126.
［16］ 徐建，段永瑞.考虑消费者有限理性的体验式商品订购与库存配给策略［J］. 中国管理科学，2021，29（10）：140-150.
［17］ 杨万中，蒋传海.经验商品、转移成本与寡头价格竞争［J］. 产业经济评论，2016（4）：16-26.
［18］ 杨扬，刘圣，李宜威，等.大数据营销：综述与展望［J］. 系统工程理论与实践，2020（8）：2150-2158.
［19］ 张凯，李华琛，刘维奇.双边市场中用户满意度与平台战略的选择［J］. 管理科学学报，2017，20（6）：42-63.
［20］ 张凯.学习型消费者情景下企业 BBPD 策略研究［J］. 管理科学学报，2020（3）：24-40.
［21］ ACQUISTI A， VARIAN H R. Conditioning prices on purchase history［J］. Marketing Science， 2005， 24（3）： 367-381.
［22］ AMALDOSS W， HE C. The charm of behavior-based pricing： when consumers’ taste is diverse and the consideration set is limited［J］. Journal of Marketing Research， 2019， 56（5）： 767-790.
［23］ ANDRIUSHCHENKO K， BURIACHENKO A， ROZHKO O， et al. Peculiarities of sustainable development of enterprises in the context of digital transformation［J］. Entrepreneurship and Sustainability Issues， 2020， 7（3）： 2255.
［24］ BERGEMANN D， VÄLIMÄKI J. Dynamic pricing of new experience goods［J］. Journal of Political Economy， 2006， 114（4）： 713-743.
［25］ CAILLAUD B， DE NIJS R. Strategic loyalty reward in dynamic price discrimination［J］. Marketing Science， 2014， 33（5）： 725-742.
［26］ CHOE C， KING S， MATSUSHIMA N. Pricing with cookies： behavior-based price discrimination and spatial competition［J］. Management

Science, 2018, 64 (12): 5669–5687.
[27] CHOE C, MATSUSHIMA N. Behavior-based price discrimination and product choice [J]. Review of Industrial Organization, 2021, 58 (2): 263–273.
[28] CHUNG H S. Welfare impacts of behavior-based price discrimination with asymmetric firms [J]. Asia-Pacific Journal of Business, 2020, 11 (1): 17–26.
[29] CHEN Y, IYER G. Research note consumer addressability and customized pricing [J]. Marketing Science, 2002, 21 (2): 197–208.
[30] CHEN Y, ZHANG Z J. Dynamic targeted pricing with strategic consumers [J]. International Journal of Industrial Organization, 2009, 27 (1): 43–50.
[31] CHEN Y H, JIANG B. Dynamic pricing of experience goods in markets with demand uncertainty [J]. Available at SSRN, 2017.
[32] CHEN Y H, JIANG B. Dynamic pricing and price commitment of new experience goods [J]. Production and Operations Management, 2021, 30 (8): 2752–2764.
[33] CHUNG H S. Quality choice and behavior-based price discrimination [J]. Journal of Economics, 2020 (131): 223–236.
[34] COLOMBO S. Behavior-and characteristic-based price discrimination [J]. Journal of Economics & Management Strategy, 2018, 27 (2): 237–250.
[35] COLOMBO S. Does behavior-based price discrimination foster firms' differentiation? [J]. Bulletin of Economic Research, 2016 (68): 111–122.
[36] DE NIJS R, RHODES A. Behavior-based pricing with experience goods [J]. Economics Letters, 2013, 118 (1): 155–158.
[37] DE NIJS R. Behavior - based price discrimination and customer information sharing [J]. International Journal of Industrial Organization, 2017 (50): 319–334.
[38] DE NIJS R. Information provision and behaviour-based price discrimination [J]. Information Economics and Policy, 2013, 25 (1): 32–40.
[39] ESTEVES R B. Pricing with customer recognition [J]. International Journal of Industrial Organization, 2010, 28 (6): 669–681.
[40] ESTEVES R B, REGGIANI C. Elasticity of demand and behaviour-based

price discrimination [J]. International Journal of Industrial Organization, 2014, 32 (C): 46-56.

[41] ESTEVES R B. Behavior-based price discrimination with retention offers [J]. Information Economics and Policy, 2014 (27): 39-51.

[42] ESTEVES R B, VASCONCELOS H. Price discrimination under customer recognition and mergers [J]. Journal of Economics & Management Strategy, 2015, 24 (3): 523-549.

[43] ESTEVES R B, CERQUEIRA S. Behavior - based pricing under imperfectly informed consumers [J]. Information Economics and Policy, 2017 (40): 60-70.

[44] ESTEVES R B, LIU Q, SHUAI J. Behavior-based price discrimination with nonuniform distribution of consumer preferences [J]. Journal of Economics & Management Strategy, 2022, 31 (2): 324-355.

[45] FLETCHER G, GRIFFITHS M. Digital transformation during a lockdown [J]. International Journal of Information Management, 2020 (55): 102-185.

[46] FUDENBERG D, TIROLE J. Customer poaching and brand switching [J]. Rand Journal of Economics, 2000, 31 (4): 634-657.

[47] FUDENBERG D, VILLAS-BOAS J M. Behavior-based price discrimination and customer recognition [J]. Handbook on Economics and Information Systems, 2006 (1): 377-436.

[48] FUDENBERG D, TIROLE J. Game theory [M]. Cambridge: MIT press, 1991.

[49] GOBBLE M M. Digital strategy and digital transformation [J]. Research Technology Management, 2018, 61 (5): 66-71.

[50] GALBRETH M R, GHOSH B. Competition with asymmetric experience uncertainty [J]. Decision Sciences, 2017, 48 (5): 990-1012.

[51] GARELLA P G, LAUSSEL D, RESENDE J. Behavior - based price personalization under vertical product differentiation [J]. International Journal of Industrial Organization, 2021, 76 (3): 102-717.

[52] JING B. Behavior - based pricing, production efficiency, and quality differentiation [J]. Management Science, 2017, 63 (7): 2365-2376.

[53] JING B. Customer recognition in experience vs. inspection good markets [J]. Management Science, 2016, 62 (1): 216-224.

[54] JING B. Pricing experience goods: the effects of customer recognition

and commitment [J]. Journal of Economics & Management Strategy, 2011, 20 (2): 451-473.

[55] JULLIEN B, REISINGER M, REY P. Personalized pricing and distribution strategies [J]. Management Science, 2023, 69 (3): 1687-1702.

[56] LAUSSEL D, RESENDE J. When is product personalization profit-enhancing? A behavior-based discrimination model [J]. Management Science, 2022, 68 (12): 8872-8888.

[57] LI K J. Behavior-based quality discrimination [J]. Manufacturing & Service Operations Management, 2021, 23 (2): 425-436.

[58] LI K J. Product and service innovation with customer recognition [J]. Decision Sciences, 2021, 12 (7): 1-16.

[59] LIU K, LI W, CAO E, et al. A behaviour-based pricing model of the green product supply chain [J]. Environmental Science and Pollution Research, 2021, 28 (46): 65923-65934.

[60] LI K J, JAIN S. Behavior-based pricing: an analysis of the impact of peer-induced fairness [J]. Management Science, 2016, 62 (9): 2705-2721.

[61] LI K J. Behavior-based pricing in marketing channels [J]. Marketing Science, 2018, 37 (2): 310-326.

[62] LI X, LI K J, WANG X. Transparency of behavior-based pricing [J]. Journal of Marketing Research, 2020, 57 (1): 78-99.

[63] MCAFEE A, BRYNJOLFSSON E, DAVENPORT T H, et al. Big data: the management revolution [J]. Harvard Business Review, 2012, 90 (10): 60-68.

[64] NASIRI M, SAUNILA M, UKKO J, et al. Shaping digital innovation via digital-related capabilities [J]. Information Systems Frontiers, 2020, 65 (8) 1-18.

[65] NELSON P. Information and consumer behavior [J]. Journal of Political Economy, 1970, 78 (2): 311-329.

[66] NIJS R D, RHODES A. Behavior-based pricing with experience goods [J]. Economics Letters, 2013, 118 (1): 155-158.

[67] OROSEL G O, ZAUNER K G. Quality diversity and prices in markets for experience goods [J]. Journal of Economics & Management Strategy, 2011, 20 (3): 709-738.

[68] PARK I, CHO J, RAO H R. The effect of pre - and post - service performance on consumer evaluation of online retailers [J]. Decision Support Systems, 2012, 52 (2): 415-426.

[69] PAZGAL A, SOBERMAN D. Behavior - based discrimination: is it a winning play, and if so, when? [J]. Marketing Science, 2008, 27 (6): 977-994.

[70] RITTER T, PEDERSEN C L. Digitization capability and the digitalization of business models in business-to-business firms: past, present, and future [J]. Industrial Marketing Management, 2020 (86): 180-190.

[71] RHEE K E, THOMADSEN R. Behavior - based pricing in vertically differentiated industries [J]. Management Science, 2017, 63 (8): 2729-2740.

[72] SHAPIRO C. Optimal pricing of experience goods [J]. The Bell Journal of Economics, 1983 (4): 497-507.

[73] SHIN J, SUDHIR K. A customer management dilemma: when is it profitable to reward one's own customers [J]. Marketing Science, 2010, 29 (4): 671-689.

[74] SHEN Q, MIGUEL VILLAS-BOAS J. Behavior-based advertising [J]. Management Science, 2018, 64 (5): 2047-2064.

[75] SPITERI-CORNISH L. Why did I buy this? Consumers' post-impulse-consumption experience and its impact on the propensity for future impulse buying behaviour [J]. Journal of Consumer Behavior, 2020, 19 (1): 36-46.

[76] VIAL G. Understanding digital transformation: a review and a research agenda [J]. The Journal of Strategic Information Systems, 2019, 28 (2): 118-144.

[77] VILLAS-BOAS J M. Consumer learning, brand loyalty, and competition [J]. Marketing Science, 2004, 23 (1): 134-145.

[78] VILLAS-BOAS J M. Dynamic competition with experience goods [J]. Journal of Economics & Management Strategy, 2006, 15 (1): 37-66.

[79] VILLAS-BOAS J M. Price cycles in markets with customer recognition [J]. Rand Journal of Economics, 2004, 23 (1) : 486-501.

[80] VILLAS - BOAS J M. Dynamic competition with customer recognition [J]. Rand Journal of Economics, 1999, 30 (4): 604 - 631.

[81] WANG J, FAN X, ZHANG T. Behavior-based pricing and wholesaling

contracting under supply chain competition [J]. Journal of the Operational Research Society, 2021, 72 (9): 1943-1959.

[82] WANG Y, LI M, FENG H, et al. Which is better for competing firms with quality increasing: behavior-based price discrimination or uniform pricing? [J]. Omega, 2023, 118 (5): 102-870.

[83] XU M, TANG W, ZHOU C. Price discrimination based on purchase behavior and service cost in competitive channels [J]. Soft Computing, 2020 (24): 2567-2588.

[84] YU M, DEBO L, KAPUSCINSKI R. Strategic waiting for consumer-generated quality information: dynamic pricing of new experience goods [J]. Management Science, 2016, 62 (2): 410-435.

[85] ZHANG J. The perils of behavior-based personalization [J]. Marketing Science, 2011, 30 (1): 170-186.

[86] ZHANG J, HE X. Targeted advertising by asymmetric firms [J]. Omega, 2019, 89 (8): 136-150.

[87] ZHANG Z, NAN G, LI M, et al. Competitive entry of information goods under quality uncertainty [J]. Management Science, 2022, 68 (4): 2869-2888.

[88] ZHANG Y, YANG R, YI Z, et al. Behavior-based pricing under asymmetric channel competition with strategic consumers [J]. Omega, 2023, 120 (7): 102-916.

[89] ZHOU J, ZHAO R, WANG B. Behavior-based price discrimination in a dual-channel supply chain with retailer's information disclosure [J]. Electronic Commerce Research and Applications, 2020 (39): 100-916.

[90] ZIARI M, SAJADIEH M S. A behavior-based pricing model in retail systems considering vertical and horizontal competition [J]. Computers & Industrial Engineering, 2021 (152): 107-1054.